QL
931.

Θ. 1799
3.

HISTOIRE
NATURELLE, CIVILE ET GEOGRAPHIQUE
DE
L'ORENOQUE,

Et des principales Riviéres qui s'y jettent.

Dans laquelle on traite du Gouvernement, des Ufages & des Coûtumes des Indiens qui l'habitent, des Animaux, des Arbres, des Fruits, des Réfines, des Herbes & des Racines Médicinales qui naiffent dans le Païs.

Par le P. JOSEPH GUMILLA, de la Compagnie de Jefus, Supérieur des Miffions de L'ORENOQUE.

Traduite de l'Efpagnol fur la feconde Edition, par M. EIDOUS, ci-devant Ingenieur des Armées de S. M. C.

TOME TROISIE'ME.

A AVIGNON,
Et fe vend à MARSEILLE,
Chez JEAN MOSER Libraire, à la Canebiere.

M. DCC. LVIII.

HISTOIRE
NATURELLE, CIVILE
ET
GEOGRAPHIQUE,
DE
L'ORÉNOQUE.

CHAPITRE XXXVII.

Du Poison mortel appellé Curare.
Sa composition & son activité.

LORSQUE je considére la nature des poisons dont se servent les Indiens de *l'Orénoque*, j'ai peine à me persuader que des Peuples aussi stupides & aussi grossiers ayent été capables de les découvrir, & je suis tenté de croire que le Démon leur en a donné la connoiſſance, pour hâter la ruine des hommes, dont il eſt l'ennemi déclaré.

Poiſon mortel appellé Curare.

La Nation *Caverre*, la plus inhumaine, la plus féroce, & la plus cruelle de toutes celles de l'*Orénoque*, poſſéde la compoſition d'un poiſon, qui l'emporte par ſa violence ſur tous ceux que l'on connoît juſqu'aujourd'hui. Elle s'en reſerve le ſecret, & le vend aux autres Nations, qui vont l'achêter elles-mêmes, ou qui l'envoient achêter par des commiſſionnaires, ce qui lui rapporte un bénéfice conſiderable. Ce poiſon, qu'on appelle *Curare*, ſe vend dans des petites marmites de terre, dont la plus groſſe peut en contenir quatre onces. Il reſſemble par ſa couleur à du Sirop, il n'a aucun goût ni aucune acrimonie particuliere. On peut le mettre dans la bouche, & même l'avaler ſans aucun danger, pourvû qu'il n'y ait aucune playe ſanglante ni dans la bouche, ni aux gencives, parce qu'il exerce

Il n'agit que ſur le ſang.

toute son activité sur la masse du sang, & il suffit qu'il en touche une goûte, pour que celui qui est dans les parties du corps, se fige sur le champ avec une vîtesse étonnante. Qu'un homme vienne à être blessé avec une fléche de *Curare*, quand même la playe n'excederoit pas la piqueure d'une épingle, tout son sang se fige, & il meurt sans avoir le tems de prononcer trois fois le nom de JESUS.

Etant apliqué sur la plus petite égratigneure, il fige toute la masse du sang.

Un Soldat originaire de Madrid, appellé François Masias, lequel a été depuis Enseigne de l'escorte de nos Missions, qui aimoit l'histoire naturelle, & qui se plaisoit à étudier les proprietés des plantes, des animaux & des insectes, fut le premier qui me fit connoître l'activité instantanée de ce poison. Je suspendis mon jugement, & m'en remis à l'experience. Nous rencontrâmes peu de tems après une troupe de Singes jaunes, dont les Indiens sont très friands, & qu'ils appellent *Arabata* dans leur langue. Les Indiens de nôtre suite se dis-

Epreuve de ce poison.

poserent à en tuer tout autant qu'ils pourroient, j'en pris un à part, & le priai d'en tuer un, qui se tenant debout sur une branche de Palmier, empoignoit de la main gauche une feüille qui étoit au-dessus. La fléche l'atteignit au milieu de l'estomac, il leva la main droite, qu'il tenoit pendante, & essaya d'arracher la fléche, comme ces animaux ont coûtume de le faire, lorsqu'elles ne sont point frottées de *Curare*; mais à peine y eut-il porté la main, qu'il tomba mort au pied du Palmier. Je courus aussi-tôt pour le prendre, quoique je ne fusse pas fort éloigné, & ne lui trouvant aucune chaleur dans l'exterieur du corps, je le fis ouvrir depuis l'estomac en bas; mais je fus extrêmement surpris de n'en trouver aucune au dedans, pas même dans le cœur, lequel étoit environné d'une grande quantité de sang figé, noir & froid. Il n'y en avoit presque point dans les autres parties du corps, & le peu qu'il y en avoit dans le foïe, étoit dans le

Opération instantanée du Curare.

même état que celui du cœur. Tout son corps étoit couvert par déhors d'une écume froide jaunâtre, ce qui me fit juger que la froideur excessive du *Curare*, glace le sang sur le champ, & que celui-ci, à la vûë de son contraire, se retire dans le cœur, où ne se trouvant pas assés à couvert, il se fige, & se gêle, & cause la mort de l'animal, en lui suffoquant le cœur.

Ce que je viens de dire du *Curare* a fourni aux curieux une ample matière de raisonnemens, tant sur la racine, ou le liène dont on le tire, que sur sa composition singuliére, & surtout sur l'effet instantané qu'il produit ; & quoique le Lecteur n'ait formé aucun doute sur cet article, ainsi qu'il l'a fait à l'égard de quelques autres de cette Histoire, je ne laisserai pas de rapporter ici ce qu'en dit le P. Acuna, de la Compagnie de Jesus, dans le mémoire qu'il présenta au Roi, au retour d'un voyage qu'il fit au *Marannon*, par l'ordre de l'Audience Royale de *Quito*.

Le Pere Acuna décrit dans ce mémoire toutes les Riviéres qui se jettent dans ce grand Fleuve, leurs bouches, leur étenduë, & les Nations qui y habitent; & venant à parler de la Riviére de *Treinta*, il dit entr'autres choses, que ses bords sont habités par les Indiens *Topajosas*, Nation vaillante & guerriére; ajoûtant: *que ces Peuples frottent leurs fléches avec une espece de Poison si subtil, que ceux qui en sont blessés, meurent sans aucune ressource.*

Ce Réligieux ne donne aucune description de ce poison qui puisse servir à nous le faire connoître, & il est à croire qu'il ne l'auroit point oubliée, s'il eût été parfaitement instruit de sa couleur, de sa qualité, & de sa composition; mais je ne suis point surpris que les Indiens dont il parle ayent découvert un poison que les *Caverres*, tous grossiers qu'ils sont, ont trouvé eux-mêmes. D'un autre côté, si l'éloignement qu'il y a entre la partie inférieure du *Marannon*,

& celle qu'occupent sur l'*Orénoque* les *Caverres*, & les autres Nations belliqueuses qu'il y a entre deux, étoit moins considérable, je croirois sans peine que le *Curare* passe de main en main jusqu'aux *Tapajosas*. Cependant, comme ce poison est pour ces Peuples une chose estimable, dans la supposition que les *Tapajosas*, ni aucune des Nations voisines ne le fabriquent point elles-mêmes, elles peuvent se le procurer par le moyen de ceux qui en font trafic.

Je passe sous silence plusieurs autres réfléxions que j'ai faites sur l'activité du poison dont je parle, pour faire part au Lecteur d'une chose qui n'est pas moins admirable ; & c'est que l'Indien ayant dépecé son singe, le mit dans le pot & le fit cuire, ce que tous les autres firent aussi ; je ne trouvai point étonnant qu'ils mangeassent de cette viande, quoiqu'elle fût d'un singe qui étoit mort par le poison ; mais ce qui me surprit fut, de leur voir manger les caillots de sang, qu'ils avoient mis aussi dans le pot, & qui contenoit en soi toute l'activité du poison. Je leur fis plusieurs questions là-dessus, & je fus si satisfait de leur réponse, que je m'hazardai à manger un de ces foyes de singe, qui me parût aussi savoureux que celui du cochon le plus délicat, à moins que la faim ne m'ait trompé, & dans la suite, ils n'en tuoient jamais, que je ne goûtasse de leur chasse. Ce poison agit avec la même activité sur les Tigres, les Buffles, les Lions & les autres animaux féroces, & même sur les oiseaux, au point qu'un Indien qui se trouve en présence d'un Tygre, n'en est nullement émû : il prend une fléche, & pointe le Tigre avec d'autant plus de sang froid, qu'il est sûr de ne le point manquer, & il suffit qu'il le blesse aux narines, ou dans quelqu'autre partie du corps, pour qu'il tombe mort sur la place, après avoir fait deux ou trois bonds.

Facilité avec laquelle ils tuent les Tygres.

Lorsque je réfléchis sur ce poison funeste, & sur la facilité avec laquelle les Nations de l'*Orénoque* se le procurent, je ne puis m'empêcher de loüer la sage Providence du Très-haut, qui empêche ces Barbares de connoître les réssources infaillibles qu'ils ont dans le *Curare*, pour qu'ils puissent profiter des lumières de l'Evangile; & en effet, quel est le Missionnaire, l'Espagnol & le Soldat, qui pourroit vivre chez eux, si tandis qu'ils méprisent leurs fléches & leur *Curare*, ils ne s'épouvantoient point du bruit du fusil! d'ailleurs cette arme n'est pas si sûre, qu'on puisse faire fond sur elle, plusieurs circonstances étant capables d'en empêcher l'effet; au lieu que le poison dont je parle agit toûjours sûrement, & avec tant de force, qu'il ne laisse pas le tems à celui qui en est atteint de se récommander à Dieu. D'ailleurs il n'y a point de remède qui puisse lui résister; car quoiqu'un enfant ait découvert au Pere Jean Rivère, qu'il ne faisoit aucun effet sur ceux qui ont du sel dans

La fléche de Curare est plus à craindre que le fusil.

la bouche, & que ce Réligieux en ait fait avec fuccés l'expérience fur differens animaux, ce Reméde n'eſt point praticable, peu de gens étant d'humeur à garder long-tems du fel dans leur bouche, outre que fi on l'a dans la poche, le poiſon ne donne pas le tems de l'en tirer.

Origine de ce poiſon, & la manière de le préparer.

Nous venons de voir avec étonnement la force du *Curare*, examinons maintenant la manière dont les Indiens compoſent ce poiſon. Ils le tirent d'une racine du même nom, qui eſt unique en ſon eſpéce, car elle ne pouſſe ni feüilles, ni réjettons, & elle ſe tient toûjours cachée comme ſi elle craignoit de manifeſter ſa malignité occulte. Elle ne croît point, comme les autres plantes, dans les terres ordinaires, mais dans la vaſe corrompuë des lacs qui n'ont aucune iſſuë ; ce qui fait qu'on ne boit de ces eaux que dans une extrême néceſſité, parce qu'elles ſont extrêmement épaiſſes, d'une couleur, d'un gout & d'une odeur inſupportables. C'eſt dans la vase de ces sortes d'étangs que croît la racine de *Curare*, digne production de cet amas d'immondices. Les Indiens *Caverres* ramassent ces racines, qui sont de couleur grise, ils les lavent, les coupent par morceaux, & les font cuire à petit feu dans de grandes marmites, dont ils confient le soin à la vieille la plus inutile de la Peuplade, & lorsque celle-ci est morte par la violence des vapeurs qui s'en élevent, ce qui est assez ordinaire, ils en mettent une autre à sa place, sans qu'elles s'en formalisent, & sans que les voisins ni les parens y trouvent à rédire, parce qu'ils sçavent que c'est là la destinée des femmes de leur âge ; à mesure que l'eau se réfroidit, ces malheureuses travaillent à leur mort, étant obligées d'exprimer ces racines pour que l'eau s'impregne mieux de leur qualité, ce qu'elles continuent de faire, jusqu'à ce que l'eau ait pris la couleur du sirop ; & alors la pauvre vieille exprime, autant que ses forces peuvent

Sa vapeur cause la mort à deux vieilles tout au moins.

le permettre, la liqueur qui est dans la marmite, & jette les racines comme inutiles; elle met du bois au feu, continuë à la faire cuire, mais à peine commence-t'elle à boüillir, qu'elle meurt empoisonnée, & il en vient une seconde, qui subit quelque-fois le même sort.

Experiences qu'on fait pour connoître si le poison est à point, ou non.

La liqueur étant diminuée d'un tiers, & ayant pris la consistance requise, l'infortunée cuisinière crie pour en donner avis, & aussi-tôt le Cacique suivi de ses Capitaines, & des habitans, vient examiner le *Curare*, pour voir s'il est tel qu'il faut; & voici ce qu'il y a de plus étonnant dans cette opération. Le Cacique trempe la pointe d'un bâton dans le *Curare*, & en même tems un des enfans qui sont à sa suite, se blesse avec la pointe d'un os, à la jambe, à la cuisse, au bras, ou dans tel autre endroit qu'il lui plait, & à mesure que le sang se présente à l'ouverture de la playe, le Cacique approche la pointe du bâton du sang sans le tou-

Il est étonnant que des Peuples aussi grossiers puissent préparer une telle composition.

cher, ce qui le feroit figer & tueroit le patient ; si le sang, qui étoit sur le point de sortir, se rétire, le poison a toute la perfection réquise, s'il s'arrête à l'entrée & ne rentre point, il s'en faut peu qu'il ne l'ait acquise, mais s'il coule, comme il doit le faire naturellement, il a encore besoin de cuisson, & l'on donne ordre à l'infortunée vieille d'y proceder, au péril de sa vie, après quoi on l'éprouve de nouveau, & lorsque le sang se rétire comme il le doit par une antipathie naturelle, on est sûr que le *Curare* a toute l'activité nécessaire.

Si quelque Savant Botaniste avoit découvert cette racine, & qu'il en eût connu la malignité occulte, on n'en seroit point étonné. Si le fameux Trithéme, ou le célebre Borri, ou quelqu'autre fameux inventeur de la Chimie, à force de raisonnemens & d'expériences, eût trouvé cette composition, il seroit digne de nos éloges, & la chose ne nous surprendroit point : mais qui pourra s'imaginer que ce soit là l'ouvrage de la Nation la plus grossiére & la plus barbare de l'*Orénoque*, à moins qu'on ne convienne qu'elle en est rédevable au Démon ! & c'est ce que je crois sans peine. Mais que seroit-ce, & quelle activité ce poison n'auroit-il pas, s'il étoit préparé par quelqu'un de nos Chimistes, selon les régles de l'art, & avec les instrumens nécessaires !

L'auteur cite les témoins de ce qu'il avance.

Au reste, quoique j'aye eu plusieurs fois ce poison entre mes mains, je ne sçaurois dire, que je l'aye vû composer, mais ce que j'en ai rapporté me vient de si bonne part, qu'il ne me reste aucun doute là-dessus. Le Pere Joseph Cabarte, qui a dirigé pendant près de quarante ans les Missions de l'*Orénoque* est le seul de nos Réligieux qui ait été chez les *Caverres* avec un Indien *Saliva*, fort intelligent & fort honnête homme, qu'il bâtisa sous son nom. C'est d'eux que j'ai appris pour la prémière fois ce qu'on a vû ci-dessus.

Ayant été depuis à l'*Orénoque* j'ai oüi raconter la même chose à plusieurs Indiens de differentes Nations, qui vont eux-mêmes achêter toutes les années le *Curare* à la foire, & qui en rapportent de petits pots, qu'ils gardent avec autant de soin que s'ils renfermoient quelque baume prétieux, & comme leur rapport à cet égard a toûjours été unanime, je ne sçaurois douter que la composition du *Curare* ne soit telle que je l'ai décrite.

Ce poison conserve sa force & son activité jusqu'à la dernière goûte, quoique les Indiens le laissent à découvert dans les pots, ce que j'attribuë à l'union & à la condensation de ses parties. Mais ce qui mérite une attention particulière, est que les fléches en étant une fois frottées, elles conservent leur vertu pendant un grand nombre d'années, quoique ce qu'on en employe pour cet effet, ne monte pas à la valeur d'une dragme, & l'on ne s'est point encore apperçû qu'il ait rien perdu de son activi-

Ce poison conserve longtems sa vertu.

té. J'ai seulement remarqué dans les differens voyages que j'ai fait dans ces forêts, que les Indiens, en tirant une fléche de leur carquois, soit à la chasse ou à la guerre, ont soin d'en mettre la pointe dans leur bouche, & leur en ayant demandé la raison, ils m'ont répondu : „ que la chaleur de la bouche, „ jointe à l'humidité de la salive, „ augmentoit l'activité du *Curare*, „ & en rendoit l'effet plus sûr ; „ & la raison m'a paru assez naturelle.

Voici un autre poison dont la malignité est infiniment supérieure à celle du *Curare*. (a) On trouve dans l'Isle de *Makassar* dans les Philippines un grand arbre approchant du laurier, dont il sort des vapeurs si malines & si funestes, qu'il est extrêmement dangereux d'en approcher, lors même que le vent est le plus favorable, & il ne faut que le flairer ou le toucher, pour perdre la vie à l'instant. Les Insulaires en tirent un suc vénimeux d'u-

En marge : Les Indiens avant de se servir de leurs fléches, en mettent la pointe dans la bouche, & pourquoi?

(a) Salmon. Tom. 2. Part. 2. Cap. 3.

DE L'ORENOQUE. 17
ne activité étonnante, dont ils frotent les pointes de leurs armes, employant pour cet effet les criminels qui ont mérité la mort : si ceux qui ont été condamnés à ce supplice, en échapent, ils obtiennent leur liberté, & le pardon de leurs crimes, ce qui les oblige à user de tous les soins & de tous les préservatifs imaginables pour s'en tirer à leur avantage. Ils se couvrent de plusieurs habits, ils se bouchent les yeux & les narines, le mieux qu'ils peuvent, & quoique ce travail se réduise à percer le trou de l'arbre avec une vrille, à y introduire un tuyau, & à mettre dessous un vaisseau pour recevoir la liqueur qui en sort, il est cependant rare qu'ils en échapent. Cette liqueur conserve son activité, à un tel point, qu'après qu'on en a une fois frotté les flèches, les poignards & les lances, si quelqu'un vient à en être blessé vingt-ans après, il meurt sans avoir le tems d'y apporter reméde. M. Salmon rapporte à ce sujet que

quelques Européens s'étant trouvés dans l'isle dans le tems où un Indien avoit été condamné à ce genre de supplice, ils voulurent essayer si la Theriaque pourroit le sauver; & les Juges le leur ayant permis, deux Médécins se placerent à côté du criminel dans le dessein de le secourir au besoin, mais ce fut inutilement, le patient étant mort, avant que d'avoir pû éprouver l'effet de leur rémede.

Le *Curare* est donc inférieur à ce poison pour plusieurs raisons : 1°. Parce qu'il n'agit point sur ceux qui ont du sel dans la bouche. 2°: parce qu'encore, que sa vapeur tuë une ou deux vieilles destinées à le préparer, la racine ou la *Béjuque* dont on le tire ne fait aucun mal; à quoi l'on peut ajoûter qu'il ne tuë ni par son odeur, ni par ses éfluves, comme celui dont on vient de parler.

Voici quelques autres poisons qui ne sont pas moins dignes que les autres de la curiosité du Lecteur.

CHAPITRE XXXVIII.

Autres poisons funestes : leur activité. Précaution avec laquelle les Indiens s'en servent. Manière dont je les ai découverts.

CE n'étoit pas assez pour les Peuples de l'*Orénoque* d'avoir trouvé le *Curare* pour se détruire ; ils ont été chercher dans les simples plusieurs autres poisons que la nature avoit pris soin de leur cacher, ne faisant pas attention que le moyen dont ils se servent pour mettre leur vie en sûreté, est celui-là même qui les en prive plûtôt.

Le hazard m'a fait découvrir chez eux un autre poison, qui étant pris en petite quantité, avec les alimens ou la boisson, ôte infailliblement la vie à celui qui en use, lui causant une fièvre qui le réduit à l'état d'un véritable squelete. Les Indiens *Jiraras* l'ap-

Les Indiens ont d'autres poisons pour se détruire les uns les autres, indépendemmént du Curare.

pellent *Irruqui Alabuqui*, c'est-à-dire, *poison de fourmis*. Voici à quelle occasion j'en eûs connoissance. Voyageant en 1718 dans les plaines de la Rivière *d'Apure*, je fus m'asseoir sur un tronc d'arbre, en attendant que les Indiens qui m'accompagnoient eussent achevé de se baigner, ainsi qu'ils ont coûtume de le faire trois fois par jour. Je vis venir à moi une fourmi d'une grosseur extraordinaire, qui avoit le corps couvert de bandes noires, jaunes & rouges, & dont la marche me surprit beaucoup, car ayant jetté les deux pied de devant sur ses épaules, elle venoit à moi la tête levée. Charmé de la beauté de ses couleurs, & de sa marche extraordinaire, je prenois un plaisir singulier à la considerer, la pour chassant avec un bâton. A quelque tems de-là, j'en vis sortir plusieurs autres de même espéce, que j'écartai de même, pour ne point être obligé de quitter ma place. Sur ces entrefaites, il arriva un

Poison de fourmis.

Fourmis d'une figure extraordinaire.

Indien, qui jetta un cri épouventable, & me dit d'un ton effrayé: *Day jebaca, Babi, Alabuqui, Ajaduca! Que faites-vous mon Pére, ces fourmis sont remplies de venin.* Je m'éloignai aussi-tôt, & me mis à examiner l'Indien, qui, moins secret que ses compatriotes, me dit: ,, ces fourmis sont braves & fort
,, vénimeuses : si une seule vient
,, à picquer, elle cause une fiévre
,, d'un jour: si deux picquent à la
,, fois, la fiévre dure d'avantage ;
,, mais si le nombre en est plus
,, grand, on court risque de per-
,, dre la vie. Les Indiens qui ai-
,, ment le meurtre, tirent de ces
,, fourmis un poison avec lequel
,, ils se vengent de leurs ennemis.
,, Ces fourmillières ne contiennent,
,, jamais trente fourmis, comme
,, tu le vois (elles étoient toutes
,, sorties) mais elles fournissent
,, assez de poison pour tuer beau-
,, coup de monde. ,, Là-dessus, je lui demandai la manière dont on les prenoit, & comment on en tiroit ce poison ; & il poursuivit

Comment je découvris ce secret.

Déposition de l'Indien.

Maniere dont on prend ces fourmis.

ainsi : « comme ces fourmis sont coleriques, & quelles aiment à mordre, on les prend les unes après les autres avec un flocon de coton, & les posant sur le bord d'un pot, on les coupe par la moitié, de façon que le ventre tombe dedans, au moyen de quoi il n'en échape aucune, & celui qui les prend & qui les coupe n'en reçoit aucun mal. Après que ces moitiés de fourmis ont bouilli quelque tems dans leur eau à petit feu, on les retire, & après que l'eau est réfroidie, il se forme dessus une toile de graisse, que l'on ramasse, & que l'on conserve, non point dans des canons de roseaux, car elle pénétreroit à travers, mais dans des os de Tygres, de Singes, ou de Lion, où elle se conserve parfaitement. Et sçais-tu, lui dis-je, la manière dont tes camarades s'en servent ? Oüi Pére, répliqua l'Indien ; mais je te prie de me garder le secret, mes camarades

„ me tueroient, s'ils sçavoient que
„ je te l'eusse découvert. Ne crains
„ rien lui dis-je, & parle-moi
„ sans crainte : tu sçais, continua-
„ t'il, que lorsque nous nous as-
„ semblons pour boire de la *Chicha*,   Précau-
„ la politesse exige que nous nous   tiō avec
„ donnions à boire les uns les au-   laquelle
„ tres, sans quitter la *Tutuma*,   ils don-
„ ou le verre, pendant que l'autre   nent ce
„ boit. Lors donc qu'un Indien   poison.
„ veut se venger de son ennemi,
„ il attend que nous soyons assem-
„ blés pour boire ensemble, il
„ présente à boire à ses amis, & lors-
„ que le tour de son ennemi est
„ venu, il met sous l'ongle du
„ pouce un peu de cette graisse
„ de fourmi, il prend la *Tutuma*
„ & ne faisant semblant de rien, il
„ met le pouce dans la Chicha,
„ & donne à boire à celui qu'il
„ veut tuer ; & comme il donne
„ à boire à beaucoup de monde,
„ & que les autres en font de
„ même, le meurtrier reste in-
„ connu ; & lorsque la nuit d'après
„ le malheureux meurt de la fié-

,, vre, on ne peut sçavoir qui l'a
,, empoisonné. ,,

Tel est le récit que me fit l'Indien, & j'y ajoûte d'autant plus de foi, que j'ai sçû qu'on avoit denoncé à la justice plusieurs Indiens qu'on accusoit d'avoir de ces sortes de canons de poison, & que plusieurs Missionnaires en avoient découvert un grand nombre, qu'ils avoient enfoüis dans la terre, pour qu'on ne pût point les trouver. Je lui tins le secret, comme je le lui avois promis, mais sa déclaration nous servit beaucoup, & pour qu'elle serve de même aux Missionnaires qui viendront après nous, je vais les instruire d'une coûtume qu'il est bon qu'ils sachent.

Raisons qui confirment la vérité de ce récit.

A quelque heure qu'un Missionnaire arrive chez un Indien (je parle de ceux qui ne sont point encore instruits) soit pour visiter un malade, ou pour telle autre cause que ce puisse être, on lui présente aussi-tôt une *Tutuma* pleine de *Chicha* ; l'on se tiendroit offensé, s'il réfusoit d'en boire

boire, & il suffit pour les satisfaire qu'il en goûte tant soit peu. De plus, dans les Peuplades, qui commencent à se civiliser, les Indiens ne s'assemblent jamais pour boire, qu'ils n'invitent le Missionnaire à cette fête, & il les fâcheroit beaucoup, s'il réfusoit de s'y trouver. Dans ce cas il doit s'asseoir près du Cacique, & commencer par boire le premier à la santé des convives, n'en fît-il que le semblant. Prévenu qu'il est de la coûtume qu'ont les Indiens de se servir du poison, qu'il ne boive jamais de *Chicha*, que celui qui la lui présente n'en ait bû le premier, & quand même il réfuseroit de le faire, il doit lui faire entendre que les blancs en usent ainsi, & que cette conduite est une marque d'amitié, tant de la part de celui qui offre la boisson, que de celui qui l'accepte. Nos Missionnaires approuverent fort cette conduite, lorsque je leur en fis part, & je suis sûr qu'elle sera approuvée de tous ceux qui liront mon ouvrage, & qui sçavent

Les Indiens presentent à boire à leurs hôtes dès qu'ils arrivét, & ce seroit les indisposer que de se réfuser à cette politesse.

Moyen de se garentir du poison.

Tome III. B

les risques que nous courons dans ces contrées; n'y ayant point d'Indien qui soit d'humeur de s'empoisonner pour en empoisonner un autre. Cette précaution devient inutile la première fois qu'on entre chez une Nation, parce que ces sortes d'Indiens sont extrêmement novices & ne sont occupés dans le commencement que de la curiosité & de la crainte.

Les Indiens n'ont point d'antidote contre ce poison. Je crois que la dent du Cayman en est un.

Je demandai à mon Indien s'il ne savoit point de reméde contre ce poison, il me dit que non, que celui qui le prenoit, en mouroit infailliblement, & que s'il en connoissoit quelqu'un, il me le découvriroit avec franchise. J'assistai depuis plusieurs malades, qui avoient été empoisonnés, & auxquels la fiévre n'avoit laissé que la peau & les os : les uns vivent plus & les autres moins : on remarque en tous une vivacité étonnante dans les yeux, & je crois que cette difference vient du plus ou du moins de poison qu'ils ont pris dans la

Chicha. Herrera (*a*) parle d'un poison tout-à-fait semblable.

Les Indiens *Tunevos* craignent si fort ce poison, & les autres de même espece, qu'il n'y a qu'eux parmi toutes les Nations de l'*Orénoque*, qui s'abstiennent des assemblées où l'on boit de la *Chicha*, & qui n'en fabriquent point chez eux; & la chose m'a paru si remarquable, que je n'ai pas voulu la passer sous silence. Mais cette conduite est bien moins l'effet de leur vertu, que de la crainte & de la méfiance qu'ils ont les uns pour les autres. Voici un autre poison qui n'est pas moins funeste que les deux dont je viens de parler. {Crainte que les Indiens en ont.}

Dans ces vallées immenses, remplies d'épaisses forêts, uniquement habitées par des bêtes féroces, on trouve une si grande quantité de couleuvres & de vipéres, qu'on a peine à se le persuader. On y trouve entr'autres une espéce de Serpent remarquable par la varieté de ses couleurs, & par la vîtesse de

(*a*) Decada 1. Lib. 7. Cap. 16.

sa marche, qui se distingue de tous les autres par une touffe de poils déliés, qui lui croît sur la tête, lorsqu'il est parvenu à une extrême vieillesse.

Poil de couleuvre extrêmement venimeux.

Qui a appris à ces Indiens aveugles & barbares que ces poils sont un poison cruel & sanglant ? Ils le connoissent, ils s'en servent, eh ! plût à Dieu que ce fut moins souvent ! je ne doute point que le Démon ne leur ait communiqué ce secret, pour assouvir l'envie qu'il a de perdre le genre humain. J'ai donné à ce poison l'épithete de *Sanglant*, parce qu'à peine en a-t'on avalé un poil, soit avec les alimens, soit avec la boisson, entier, ou coupé par morceaux, qu'on commence à vomir le sang à pleine bouche, & l'hémorragie ne finit qu'avec la vie, sans qu'on ait pû trouver jusqu'à présent un remède pour en arrêter la violence. L'Indien Joseph Cabarte, que j'ai cité ci dessus pour témoin de la composition du *Curare*, va m'être garant de l'effet dont je viens

Effet du fatal poison.

L'Indien Joseph meurt empoisonné.

de parler. Ce vertueux Indien avoit servi près de cinquante ans nos Missionnaires avec un amour & une fidélité singulière, partageant avec eux les peines & les travaux de leur ministère. Il venoit d'aider depuis peu le Pere Jean Rivero à fonder la Mission de S. François Regis de *Guanapalo*, lorsqu'un malheureux vieillard, picqué de ce qu'il avoit donné à l'Eglise plus d'étenduë qu'il n'en vouloit, lui donna pour se venger un des poils dont j'ai parlé. Le poison ne tarda pas à faire son effet, & lorsque l'hémorrhagie lui eut donné quelque relâche, il demanda le viatique, & mourut avec une résignation héroïque, pardonnant à son ennemi, & défendant à ses enfans de lui faire aucune peine, s'ils venoient jamais à le découvrir.

Symptomes du poison.

Les Indiens ont encore chez eux une grande quantité d'herbes vénimeuses, dont ils se servent pour se défaire de leurs ennemis, & ils donnent le nom d'*Yervateros* à ceux qui en font usage. J'aurois beaucoup de choses à dire sur cette espéce de poison, parce que plusieurs Indiens de ma connoissance en ont ressenti les effets, mais il me suffira d'apprendre au Lecteur, que les chairs de ceux qui meurent empoisonnés avec ces sortes d'herbes, s'ouvrent dans toute l'étenduë du corps, & qu'au lieu de sang, il en sort une humeur jaunâtre, dont l'écoulement finit en peu de jours par la mort du malade. Je n'ai jamais pû connoître ces herbes, & il peut se faire que quelque Missionnaire soit plus heureux que moi à cet égard. Dieu veüille que cela arrive, & qu'on découvre en même tems quelque antidote pour en empêcher les effets.

CHAPITRE XXXIX.

Des Serpens vénimeux qu'on trouve dans ces Païs.

§. I.

Du Serpent monstrueux appellé BUIO.

LEs playes que Dieu envoya sur l'Egypte pour punir l'endurcissement de Pharaon, de ses Ministres & de tous les habitans Idolâtres de ce Royaume, sont, selon moi, moins nombreuses que celles dont la justice divine afflige les Païs de l'*Orénoque* & de la plûpart des Fleuves qui lui portent le tribut de leurs eaux, dans la vûë de châtier la conduite barbare des Peuples qui les habitent. Je crains en commençant ce Chapitre, qu'à la vûë des fleaux dont je vais parler, plusieurs Missionnaires n'aban-

B iiij

donnent la résolution qu'ils avoient prise d'arroser ce terroir de leurs sueurs ; mais lorsque je fais attention que c'est Dieu qui enrôle ses Soldats, qu'il s'en reserve le choix, & qu'il leur donne la valeur & les forces nécessaires pour combattre, ma crainte cesse, & avec autant plus de raison, qu'on n'a jamais oüi dire dans nos Missions qu'aucun Réligieux ait péri ni par le poison, ni par la morsure des Serpens, ni par les griffes des Tygres, ni par la dent des *Caymans*, ni d'autres bêtes semblables.

Gros Serpens appellés Buios.

Le premier Serpent qui se présente à nous, & qui est aussi le plus frequent dans ces Païs, est le *Buio*, que les Indiens *Jiraras* appellent *Aviosà*, & d'autres, comme les Indiens de *Quito*, *Madre del Agua*, *Mere de l'eau*, parce qu'il demeure ordinairement dans l'eau. Cette couleuvre monstrueuse ressemble à un vieux tronc de Pin abattu, & qui ne tire plus aucune nourriture de ses racines. Elle a autour de son corps une espece de barbe ou de mouſſe pareille à celle qu'on voit autour des arbres ſauvages, & elle eſt apparemment un effet de la pouſſiére ou de la bouë qui s'attache à ſon corps, que l'eau humecte & que le Soleil deſſéche. Sa longueur eſt ordinairement de huit aunes, & ſa groſſeur à proportion. Son mouvement, quand il marche eſt à peu près auſſi imperceptible que celui d'une aiguille qui marque les minutes dans une montre, & j'ai peine à croire qu'il faſſe une demi lieuë de chemin dans une journée; ſon corps fait dans la terre où il paſſe une traînée, comme feroit un mât, ou un gros arbre que l'on traîneroit. J'ignore quel eſt ſon mouvement dans les Riviéres & dans les lieux marécageux; ſa vûë ſeule épouvante, & ſi l'on ſe raſſure, c'eſt parce qu'on ſçait qu'elle eſt extrêmement lente à ſe mouvoir. Cependant ceux qui connoiſſent l'étenduë & la malignité de ſon ſouffle, cherchent leur ſûreté dans la fuite; mais le cas eſt, que lorſqu'il entend du bruit, il leve la

34 HISTOIRE

Moyen dont il se sert pour étourdir sa proye & pour s'en saisir.

tête, s'alonge d'une ou deux aunes, se tourne vers le Tygre, le Lion, le Veau, le Gibier, ou l'homme, (a) dont il veut se saisir, & ouvrant sa gueule, il pousse hors de soi un souffle si vénimeux, qu'il étourdit la personne ou l'animal qui passe par l'endroit où il le dirige, & lui fait faire un mouvement qui le mene vers lui malgré soi, jusqu'à ce qu'il soit assés près pour qu'il le puisse avaler, ce qu'il fait, à moins que quelque obstacle ne l'en empêche.

Cet animal ne mâche point, mais il avale peu à peu.

Cet animal n'a point de dents, (b), ce qui est cause qu'il lui faut beaucoup de tems, & même des jours entiers pour avaler sa proye. Il a le gosier si grand, qu'il avale à force de tems un bœuf d'un an, lui suçant le sang & le suc, à mesure qu'il l'avale, de sorte qu'on lui a souvent enlevé d'animaux qui étoient déjà à moitié

(a) Piedrahita, Cap. 1. pag. 7.
(a) Le Pere Mathias de Tapia dans son mémoire présenté au Roi en 1715.

dans son corps, sur lesquels on n'a découvert aucune blessure, mais qui n'avoient plus de substance. On trouve souvent de ces *Buios* étendus au Soleil, ausquels les cornes d'un Daim servent de moustaches, parce qu'elles n'ont pû passer par son gosier ; mais après qu'il a digeré le gibier, il s'en débarrasse, & va chercher une nouvelle proye, sûr de ne pas la manquer, s'il peut l'ateindre avec la vûë, à moins, comme je le dirai tantôt, que quelque obstacle ne s'y oppose ; car si, dans le tems qu'il attire à soi un animal par la vertu attractive de son soufle, il vient à en passer quelqu'autre, qui marche avec vîtesse, il coupe ce soufle : celui qui étoit à la veille d'être pris, réprend ses forces, & s'échape au danger qui le menaçoit. De-là vient qu'on ne doit point aller seul dans ce païs, mais mener toûjours avec soi un camarade, afin que si par hazard un *Buio* en attire un, l'autre puisse couper son haleine, ou avec le

Moyen d'arrêter son soufle, & de s'en garentir.

B vj

chapeau, ou avec quelque autre corps étranger, après quoi l'on peut continuer son chemin, sans se mettre en peine de ce monstre. C'est là la conduite que tiennent les Peuples dans les païs desquels se trouvent ces couleuvres. Il n'y a rien jusqu'ici qui doive nous surprendre, si l'on en excepte la grosseur démesurée de la couleuvre dont je parle; car cette vertu attractive lui est commune avec le *Scorzon*, ou crapaud vénimeux, qui attire les lézards à soi par le même moyen; il ouvre la gueule, & quelque effort que ceux-ci fassent, il faut nécessairement qu'ils y tombent; avec cette différence que le *Scorzon* étant petit, son soufle permet au lézard de faire quelques efforts pour se sauver, au lieu que celui du *Buio* étant d'un plus gros volume, ne laisse pas la même liberté aux animaux qui se trouvent dans la sphère de son activité.

Beaucoup de gens, qui se sont trouvés exposés au danger dont je parle, assûrent que cette vertu attractive laisse une entière liberté de jugement ; mais dans qu'elle détresse ne doit pas être celui qui ayant perdu le sang froid, & la presence d'esprit nécessaire pour fuir, se sent attiré malgré lui dans la gueule de ce monstre carnassier & insatiable ! on voit par ce qui précéde que la couleuvre dont parle M. Hansloane dans les Transactions Philosophiques de la societé Royale de Londres, est differente de celle que je viens de décrire, car celle-ci n'a ni dents, ni défenses, ce qui fait qu'elle est obligée d'avaler sa proye sans la mâcher, au lieu que M. Hansloane suppose que la sienne blesse d'abord sa proye, & la suit des yeux, l'instinct, lui ayant appris qu'elle mourra dès que le venin aura exercé sur elle toute son activité. Il n'en est pas de même du *Buio*, qui, comme j'ai dit, après avoir découvert sa proye, ouvre la gueule, darde son souffle sur elle, l'attire à soi après l'avoir étourdie, &

l'avale. Le serpent de nôtre sçavant Anglois a cela de particulier, qu'il ne sçauroit rétenir l'animal qu'il a blessé avec ses dents.

Je vais maintenant répondre à une objection, que les sçavans ne manqueront pas sans doute de me faire. Comment se peut-il, diront quelques-uns, qu'on ne donne point les ordres nécessaires pour détruire des bêtes si dangereuses & si funestes? Avant de répondre, je dois observer qu'il faudroit aussi en donner pour les tygres, qui sont innombrables, pour les lions, les caymans, les ours & les léopards des bruyéres, qui font des ravages infinis, & pour plusieurs autres animaux qui infestent ces païs.

Raisons pour lesquelles on ne peut rémedier à ces fleaux. Cela supposé, voici, selon moi deux raisons pour lesquelles on ne peut rémedier à ces fleaux. L'une est la disette d'habitans, qui rend ces païs presque déserts ; l'autre l'étenduë immense de ces contrées, & la quantité de bois, de forêts & d'étangs qu'on y trouve ; ces deux causes se donnent mutuellement les mains, car la disette d'habitans fait qu'on ne peut détruire ces bêtes, comme il conviendroit de le faire; & l'étenduë des bois & des forêts, leur fournit un vaste champ pour la multiplication de leur espece. De-là vient que Dieu ordonna à son Peuple de ne point exterminer tout-à-la-fois les Cananéens, de peur que leur païs étant devenu désert, les bêtes ne s'y multipliassent, & ne les détruisissent à leur tour (*a*)

Au reste quoique les païs où l'on fonde de nouvelles Colonies soient remplis d'une infinité de bêtes sauvages & d'insectes nuisibles, on remarque cependant qu'à mesure qu'elles se peuplent, cette épidemie y diminuë tous les jours par le soin qu'on a de chasser les

Ils diminuent cependant tous les jours.

(*a*) Deuteron. Cap. 7. ℣. 22. *Non poteris eas delere pariter, ne fortè multiplicentur contra te bestiæ terræ.* Et dans l'Exode, Cap. 7. ℣. 29. *Non ejiciam eos à facie tuâ uno anno; ne terra in solitudinem redigatur, & crescant contra te bestiæ.*

uns & de tuer les autres, si bien qu'au bout de quatre ans, on ne trouve plus à six lieuës à la ronde, ni Tygres, ni Buios, ni autres couleuvres semblables, les habitans se faisant un plaisir & une fête de découvrir leur répaire & de contribuer à leur mort. Un de nos Réligieux m'a conté plusieurs fois que passant de *Caracas* aux Missions de l'*Orénoque*, il s'offrit tout d'un coup à sa vûë un spectacle des plus effrayans qu'on puisse imaginer ; c'étoit un *Buio* monstrueux, qui ayant dardé son soufle sur un Cayman, en avoit déja avalé une aune & demie, qui étoit le tiers de la longueur de cet animal ; le *Buio* le tenoit assujetti par l'autre partie du corps avec sa queuë, qu'il avoit entortillé trois fois autour. Les habitans des maisons voisines ayant appris ce qui se passoit, accoururent sur le lieu, les uns avec des fusils, les autres avec des lances, & d'autres avec des fléches, ils blesserent tous à la fois la Couleuvre, & à l'instant le lit du

Spectacle éfrayant.

ruisseau où elle étoit fut rempli de sang. Le *Buio* vomit avec violenlence la partie du Cayman qu'il avoit avalée : celui-ci étoit mort, mais le *Buio* donna beaucoup de l'embarras, & un de ces hommes s'appercevant qu'il se déffendroit tant qu'il seroit dans le ruisseau, lui jetta un lacet autour du cou avec lequel on le tira à sec & on le tua. Le maître de cette troupe le fit écorcher, pour envoyer sa peau à *Caracas*, elle étoit tâchetée de blanc & de gris avec une symetrie admirable, & après qu'elle fut séche, elle avoit sept aunes & trois quarts de long, sur trois quarts de large, & il est à croire qu'ayant été sechée au soleil, elle s'étoit considerablement retirée.

Ces *Buios* sont fort communs dans les lieux humides & marécageux, mais sur tout dans les endroits inhabités, & il ne se pas-passe point d'année qu'ils ne dévorent quelqu'un de ceux qui vont à la chasse ou à la pêche, ces animaux épiant les passans, pour les faire tomber dans leurs piéges. J'en ai rencontré plusieurs fois sur mes pas dans le tems que je m'y attendois le moins; j'en trouvai un entr'autres d'une grandeur démesurée sur la Riviére de *Tame*, qu'un jeune homme qui m'accompagnoit perça de dix-huit coups de lance, évitant avec soin le souffle qui sortoit de sa gueule empestée.

On trouve de Buios en Espagne.

Bien des gens s'imaginent que nous n'avons point de ces sortes d'animaux en Europe; il s'en faut beaucoup que cela soit vrai, & l'on y rencontre de Serpens, qui quoique moins gros que ceux dont je parle, ne laissent pas d'avoir un venin & une vertu attractive proportionnée à leur corps. (*a*) Nous avons actuellement dans le Collége Imperial un Réligieux, qui allant un jour se promener dans les jardins de Graus, ville du Diocèse de Balbastro dans l'Aragon, apperçût avec son compagnon un petit oiseau,

(*a*) Le Pere Joseph Salé, Procureur général de la Province d'Aragon.

qui, se tenant élevé au-dessus de la terre d'environ une aune, battoit continuellement des aîles sans changer de place. S'étant avancés pour voir ce que c'étoit, ils apperçûrent un serpent de la grosseur du pouce, & long d'environ trois quarts d'aune, qui, le col levé, & la gueule bélante, attiroit à soi ce malheureux oiseau, qui ne cessoit point de rémuer les aîles pour se souſtraire au péril qui le menaçoit.

Ces mêmes Réligieux observerent encore que pendant le peu de tems qu'ils mirent à contempler ce que je viens de rapporter, l'oiseau descendit de plus d'un quart d'aune, attiré directement dans la gueule de la couleuvre ; de sorte que voyant qu'il ne pouvoit échaper, ils tuerent ce reptile, & l'oiseau s'envola de nouveau sur l'arbre avec beaucoup de joye. On voit par là que nous avons chez nous des couleuvres qui ont la même vertu attractive que le *Buio*, & si elles ne parviennent point à une grosseur aussi démesurée que

Raison pour laquelle les *Buios* ne sont point aussi

gros en Espagne que dans l'Amérique. celles de l'*Orénoque*, c'est que le païs est plus peuplé, & qu'on les tuë avant qu'elles ayent eu le tems de croître.

§. III.

Refléxions sur le Chapitre précédent, & preuves de ce qu'on y avance.

JE connois trois sortes de personnes qui ont été extrêmement surprises de la description que je viens de faire des armes fatales & du vénin attractif du *Buio*, & qui ont hésité d'y ajoûter foi, les unes par timidité, les autres par méfiance, & les troisièmes enfin par prudence. Je vais tâcher de les satisfaire d'une manière qui ne laissera rien à désirer. Quand aux premières, il leur est aisé de bannir leur crainte, en faisant attention que l'espace immense de mer qui sépare l'Europe du nouveau monde, les met à couvert des animaux monstrueux dont j'ai parlé.

A l'égard des secondes, il faut de toute nécessité qu'elles demeurent convaincuës de ce que j'avance, ou qu'elles réjettent généralement tous les livres historiques, à l'exception de ceux de l'Ecriture, dont l'autenticité est solidement établie, les premiers n'ayant d'autre appui que la créance qu'on veut bien leur donner, après s'être assuré des preuves de probabilité qu'alleguent les Auteurs, en y joignant les circonstances qui concourent dans la personne, l'état & les occupations de celui qui écrit.

Prévenu de ce principe, & m'appuyant sur l'autorité de Nôtre-Seigneur Jesus-Christ, qui nous ordonne dans l'Evangile de nous en tenir au rapport de deux ou trois témoins, j'ai cité en faveur de l'éxistence du *Buio* l'histoire du célebre Piedrahita, & l'autorité d'un Missionnaire du *Meta* & de l'*Orénoque*, & pour prouver qu'il y a des *Buios* en Espagne celle du Procureur général de la Province d'Aragon, qui se trouve aujourd'hui dans cette Capitale ; & ces témoignages m'ayant paru suffisans pour établir la certitude de ce que j'avance, je me suis dispensé de rapporter diverses occasions que j'ai eûës de voir des *Buios*, dans les voyages que j'ai fait pendant vingt-deux ans dans les Païs où ils se trouvent, & toûjours avec autant de surprise que d'éfroi.

Le Lecteur sçaura donc qu'accompagnant en 1734 le Pere Provincial Diego de Tapia dans une visite qu'il fit dans nos Missions, pour dissiper l'ennui inséparable de ces sortes de voyages, j'entretins chemin faisant le Pere Charles de Anisson son Sécretaire de la figure, du vénin, & des dommages que causoient les *Buios* dans le Païs. Ce que je lui en dis, lui parût si extraordinaire, qu'il refusa non-seulement de croire mon rapport, mais même celui du Pere Provincial, qui avoit lui-même dirigé nos Missions. Mais sa surprise fut extrême lorsqu'il apperçût quelque tems après dans un Lac un *Buio* féroce, qui achevoit d'attirer à soi un héron, qu'il commençoit à avaler, l'oiseau tenant ses aîles déployées des deux côtés de la gueule de ce monstre, ce qui nous fit juger qu'il l'avoit attiré par les pieds dans le tems qu'il voloit. Le Pere Anisson fut étonné de ce prodige, & je reconnus alors la vérité de ce que dit Horace, que les choses que nous voyons font beaucoup plus d'impression sur nous, que celles que nous entendons simplement raconter. Cela supposé, je ne suis point surpris qu'on doute en Europe de l'éxistance des *Buios*, puisque dans les Païs même où ils sont les plus fréquens, on trouve des gens qui ont peine à croire ce qu'on en dit, jusqu'à ce qu'ils en ayent été convaincus par leur propre expérience. Pour ne rien laisser à désirer au Lecteur sur cette matiére, je vais rapporter ici quelques autres témoignages, qui ne lui permettront plus de douter de la vérité de ce que j'avance.

M. Salmon (*a*) nous apprend qu'à *Mindanao* & dans les Philippines, il y a des Serpens monstrueux appellés *Ibitin*, & d'autres appellés *Bole*, qui ont jusqu'à trente palmes de longueur, qui attirent à eux & dévorent un cerf, un ours, un sanglier & un homme. Il ajoûte que les habitans sont persuadés que pour se souſtraire au danger qui les menace, il n'y a pas de meilleur moyen que de couper l'air interposé entre l'homme & le serpent.

Si le Lecteur prend la peine de comparer la description que M. Salmon donne de ces couleuvres,

────────

(*a*) Tom. 2. Cap. 9. In queste issole, si vegono Serpenti di ismisurata grandeza, una specie de quali, che chiamano *ibitin*.... tira, inghiotisce un Cervo, un Orso, un Chingiale & un huomo. Credenoque Populi, che per liberarsi da tal periculo, non vi sia miglior remedio, quanto rompere l'aria, che si frammezza tra l'huomo, è l'Serpente. Il più grande frà i Serpenti, si chiama Bole, & è luongo venti, è trenta Palmi.

avec

avec celle que j'ai donnée du *Buio*, il n'y trouvera d'autre différence que le nom, & il verra qu'on employe dans ces deux Païs le même reméde, malgré l'éloignement où ils sont l'un de l'autre. Ce même Auteur, (a) parlant des Isles de *Neyra Lentor* & de *Poelo-Ay*, assure qu'il y naît de pareils serpens, mais il ne détaille point la manière dont ils attirent & dévorent les hommes & les animaux.

Voici un second témoin, dont l'autorité est pour moi d'un plus grand poids que celle du premier. Le Pere Procureur Général de la Province de la nouvelle Espagne, qui vit actuellement, & dont le mérite est connu dans cette Capitale, a avancé dans un acte public, que voyageant dans la nouvelle Espagne, les Indiens qui l'accompagnoient lui montrerent un liévre, ou un lapin, qui restoit étourdi &

_____

(a) Tom. 2. Cap. 2. In queste isole non vi sono Rane, bensì Serpenti tanto grandi, che dicersi possono.

immobile sur le bord du chemin, & que leur en ayant demandé la raison, ils lui montrerent de l'autre côté une couleuvre d'une grosseur au-dessus de la médiocre, qui, la gueule béante, empoisonnoit ce pauvre animal. Les Indiens la tuerent à coups de pierre, & le liévre, qui jusques là avoit été détenu prisonnier dans ces chaînes invisibles, prit sa carriére, & s'enfuit. Ceux qui voudront d'autres témoignages, n'ont qu'à lire l'histoire du *Marannon* qu'à donnée le Pere Manuel Rodrigues, & le mémoire que le Pere Acuna a donné au Roi touchant cette même Riviére.

J'ai dit dans le premier Paragraphe que nous avons des *Buios* en Espagne, mais qu'ils y sont moins gros que dans l'Amérique, parce qu'on ne leur donne pas le tems de croître, & j'ai cité à ce sujet un témoin oculaire, qui réside actuellement dans cette Capitale. J'ajoûterai à cela qu'un de nos Réligieux, destiné pour les Missions des Philippines, m'a assûré qu'il avoit vû en Catalogne dans trois differentes occasions de ces serpens, qui ayant le col levé & la gueule ouverte, attiroient à eux par leur soufle les oiseaux qu'ils voyoient, quelques efforts qu'ils fissent pour s'échaper.

Voici deux autres témoignages que je ne puis passer sous silence, à cause du mérite & de la dignité de ceux qui me les fournissent. Un an & demi avant le siége de Barcelone, le Comte de la Lippe, Maréchal de Camp, se promenant avec plusieurs autres Officiers vis-à-vis du Camp de Amposta, sur les bords de l'*Ebre*, vît un serpent gros comme le bras, qui attira à soi un lapin qui en étoit éloigné de trois à quatre toises, il le saisit par la tête, & fut long-tems à l'avaler, le lapin remuant les pieds de derriére.

Ce Comte a souvent tué à la chasse de ces serpens, & les ayant fait ouvrir, il a trouvé dans leurs corps des lapins, qui étoient allongés comme une corde, &

dont les os paroissoient limés.

Le Marquis de Robèn, Brigadier des armées du Roi, tua à *Cienpozuelos* un serpent, dans l'estomac duquel il trouva quatorze lapereaux, qui avoient la peau toute entière, mais qui étoient sucés, & dont les os étoient brisés, d'où l'on voit qu'il y a en Espagne plus de *Buios* qu'on ne le pense.

Il est tems de rechercher la cause de la vertu attractive du *Buio*; & c'est ce que je vais faire dans le Paragraphe suivant.

§. III.

De la vertu attractive du Buio.

LA question que nous traitons ici en présuppose deux autres, qui étant une fois résoluës, nous fourniront toutes les lumières dont nous avons besoin. Mettons donc la main à l'œuvre, & réprésentons-nous la couleuvre dont il s'agit, qui, la gueule béante, & le gosier ouvert, dirige son souffle empesté sur un sanglier. En vain récouririons-nous à la Phisique moderne, & au Microscope, nous ne trouverons dans ce monstre d'autres armes offensives que la vibration, & l'attraction de l'air, infecté du vénin qui s'exhale de son corps. Cette vibration d'éfluves malins, & l'attraction qui en résulte, renferment tout le nœud de la difficulté, & pour la résoudre, nous devons examiner chacune de ces deux opérations séparement & dans leurs principes.

§. IV.

De l'action, ou de la vibration des éfluves.

JE suppose d'abord comme une chose généralement reconnuë, que les corps des animaux contiennent une infinité de pores, d'où s'exhalent une quantité d'éfluves, qui venant à se répandre dans l'air, s'insinuent dans les pores des autres corps, & y causent des effets utiles, ou nuisibles, selon leurs qualités, & la differente disposition des corps dans lesquels ils s'introduisent.

Plusieurs Physiciens modernes ont écrit sur la prémiere partie de cette supposition, profitant des expériences du célébre Sanctorius. Ce grand observateur de la nature a découvert après trente ans d'observations, qu'un homme qui prend huit livres d'alimens, en dissipe près de cinq par la transpiration insensible. Cette évacuation est encore plus manifeste dans les malades, qui récouvrent la santé, lorsqu'il se fait une crise par les sueurs; dans ceux qui tombent en foiblesse, & qui courent risque de la vie, lorsque la sueur est excessive; enfin, la bonne, ou la mauvaise odeur des süeurs, ne se transmet jusqu'à nous qu'à l'aide des éfluves qui s'en exhalent, & c'est par là que nous sentons l'odeur des fleurs, des résines, des aromates, & d'une infinité d'autres choses qui affectent l'odorât.

Quand à la seconde partie, je

veux dire la manière dont les éfluves se répandent dans l'air, la chose est si connuë, qu'il est inutile de s'y arrêter, & il me suffit de rappeller au Lecteur la pierre d'aiman, dont les éfluves pénétrent le fer & l'acier le plus dur ; un seul grain d'ambre communique son odeur aux habits, à l'armoire dans lequel on les enferme, & même à tout un appartement, il pénétre, étourdit, & fait beaucoup de mal aux femmes dans certaines circonstances. Le sel marin se fait sentir à une grande distance, & durant la tempête, on sent l'odeur de la marine à trois lieuës des côtes, lors surtout que le vent est favorable.

Le Pere Tachart Jesuite assure que lorsqu'on approche de l'Isle de *Ceylan*, & de quelques autres Isles où croissent les épicéries, nommément de *Java*, on en sent l'odeur à neuf mille à la ronde, circonstance d'autant plus remarquable, qu'elle fait beaucoup à mon sujet.

Si nous jettons les yeux sur les

herbes & sur les plantes vénimeuses, nous serons encore plus surpris des effets que produisent les éfluves qui s'en exhalent. M. Salmon (a) assure qu'il y a des herbes dans les Philippines dont les écoulemens tuënt ceux qui les touchent & qui les mangent, & que lorsqu'elles viennent à croître, elles empoisonnent l'air au point que plusieurs habitans en meurent. Il ajoûte que l'arbre appellé *kamandang* a une proprieté si funeste, que le poisson qui mange de ses feüilles, meurt aussi-tôt, & que ceux qui mangent par hazard de ce poisson, perdent infailliblement la vie. Il nous apprend encore que le suc de cet arbre est un poison mortel, & que les Indiens en frotent les pointes de leurs fléches, & enfin, que les écoulemens qui en sortent ne permettent point aux herbes de croître autour de quelque nature qu'elles puissent être.

Quoique ces écoulemens soient

(a) Tome 2. pag. 228.

extrêmement actifs & funestes, ils ne sçauroient entrer en comparaison avec ceux de cet arbre, qui croît dans le Territoire de *Turate*, dans l'Isle de *Makassar*, dont j'ai parlé ci-dessus à la fin du 12 Chapitre, & dont j'ai comparé la malignité avec celle du *Curare*. J'en rappelle ici le souvenir, pour que le Lecteur puisse juger jusqu'où s'étendent ces sortes d'écoulemens, quoi qu'il ne soit pas besoin pour l'en convaincre de recourir à des sujets étrangers, puis qu'on en voit tous les jours l'effet dans les maladies contagieuses qui regnent dans nos climats.

Puis donc que les écoulemens qui émanent des corps inanimés, par exemple, des aromates, des plantes & des arbres vénimeux, agissent à une distance considérable, il s'ensuit que les éfleuves corrompus & malins qui sortent du *Baio*, sont capables d'étourdir & d'empoisonner les animaux qu'ils affectent ; & je ne vois point qu'on puisse nier la possibilité du fait. (*a*) Passons à la seconde partie.

§ V.

De la force attractive des soufle du Buio.

LA difficulté consiste à sçavoir comment les éfluves qui émanent du *Buio* ont assez d'activité pour att: er la proye qu'ils ont infectée. C'est ici un autre nœud gordien qu'il faut défaire, non point par force, mais par adresse, en examinant séparement les tours qui le forment. Tout le monde sçait comme moi par expérience que l'Aiman attire le fer & l'acier au moyen des éfluves qui en sortent

---

(*a*) On ne peut nier absolument que l'haleine de ce Serpent n'ait la vertu de causer une espece d'ivresse à une certaine distance, puisque nous voyons que l'urine du Renard fait le même effet, & que fréquemment les baillemens des Baleines sont si puans qu'on ne peut les supporter. N. D. T.

& qui s'incorporent dans leur subſtance. Il n'y a perſonne qui n'ait remarqué la même vertu attractive dans les écoulemens que le *Jai* imprime ſur les fetus, & c'eſt une choſe généralement reconnuë que le fer, & l'acier, qui ont réçû la vertu magnétique, attirent ſucceſſivement d'autres brins de fer, qui reſtent enchaînés en l'air (*a*) les uns à la ſuite des autres, ſans que rien les retienne dans cet état que l'attraction magnétique, qui ſe communique d'une aiguille à l'autre, juſqu'à la dernière. Il n'eſt donc pas étonnant que l'haleine empeſtée du *Buio*, attire, & retiene la proye qu'elle a infectée, & liée pour ainſi dire avec les liens de ſon poiſon inviſible.

Le Lecteur me dira que c'eſt vouloir prouver un miracle naturel par un autre qui n'eſt pas moins extraordinaire, & perſuader un ſecret phyſique preſque incompré-

(*a*) S. Auguſtin de Civit. Dei. Lib. 21. Cap. 4. & Lucrece, Lib. 6. verſ. 3000.

henfible, par un autre qui eſt auſſi obſcur & auſſi difficile à comprendre. Je répondrai dans peu à cette objection ; mais comme perſonne ne peut me nier la vertu attractive de l'Aiman & du *Jai*, il n'eſt pas naturel qu'on nie, ni qu'on mette en queſtion la force attractive du *Buio* ; car ſi de l'effet certain d'une pierre telle que l'Aiman, on en conclut néceſſairement ſa vertu & ſa force attractive, il faut auſſi que du dommage affreux que cauſe l'haleine du *Buio*, qui eſt un monſtre d'une groſſeur démeſurée, on en concluë une activité attractive; paſſe qu'elle ſoit auſſi occulte, & auſſi difficile à découvrir que celle qu'on reconnoit dans la pierre d'Aiman.

D'ailleurs je ne vois pas qu'on ait raiſon de trouver cette opération du *Buio* ſi étrange, & de la regarder comme imaginaire: premierement, parce que, comme je l'ai dit ci-deſſus, on a vû pluſieurs fois en Eſpagne des *Buios* qui attiroient à eux des oiseaux qu'ils avoient infectés de leur haleine. En second lieu, parce que cette même force, ou vertu attractive réside pareillement dans la gueule infecte du *Scorzon*, & à dire vrai, elle est beaucoup plus forte, qu'on ne devroit l'attendre de la petitesse de cet animal. J'avouë ingénument que je n'ai rien négligé pour verifier & pour découvrir la source de cette opinion, pour cela même qu'elle est généralement répanduë, & après avoir bien examiné la chose, & consulté sur ce sujet des personnes intégres qui passent leur vie dans les champs, j'ai trouvé que le fait en question ne souffroit aucun doute. Je n'ai trouvé d'autre différence dans leurs rapports, sinon que les uns attribuent cette attraction au vénin que le *Scorzon* jette de ses yeux sur la belette, ou la larmeuse qu'il fixe, malgré les efforts que ces animaux font pour s'échaper ; au lieu que les autres attribuent cette vertu attractive à l'haleine qui sort de leur bouche, qu'ils tiennent ouverte du côté de leur proye ; mais que ce soit d'une façon ou d'autre, tous s'accordent à confirmer ce que j'ai avancé de la vertu attractive qui réside dans le venin de ma couleuvre.

Je vais finir & appuyer ce que j'avance de l'autorité du Pere Jean Eusebe de Nuremberg, à laquelle je joindrai deux faits qui sont arrivés de nôtre tems. Ce Réligieux confirme l'attraction du *Buio*, qu'il appelle *Bovaliga*, & ajoûte que les *Scorzons* d'Espagne ont la même vertu.

Un Jesuite, qui est actuellement chargé de l'Apoticairérie du Collége Imperial, cite en faveur de mon opinion, plusieurs témoins oculaires de l'Evêché de *Cuença*; en presence desquels une belette, après avoir fait tous les efforts possibles pour s'échaper d'un *Scorzon*, fut enfin attirée dans sa bouche comme au centre des éfleuves vénimeux, qui l'avoient empoisonnée. M. Bourlin, natif de Clermont en Auvergne, qui réside à Barcelone, m'a raconté, qu'ayant été à la chasse avec un de ses amis, il rencontra un *Scorzon* qui commençoit à avaler une belette, & que touché de son sort, il tira un coup de fusil au *Scorzon*, qui tua aussi la belette qu'il vouloit sauver.

On m'objectera que le fait que je viens de rapporter, ne conclut rien en faveur de mon sentiment, parce qu'il peut se faire que le *Scorzon* se soit tenu aux aguets, & ait surpris la belette à l'improviste, de même que le chat passe toute la nuit en sentinelle pour épier la souris dont il a envie de se saisir. Je réponds à cela que l'objection ni la comparaison ne peuvent avoir lieu dans le cas dont il s'agit, parce qu'on ignore encore si le *Scorzon* est assez industrieux pour pourvoir à sa nourriture, & qu'on ne peut concilier cette attention & cette vigilance avec la pésanteur & la stupidité, de cet animal. En supposant même que le *Scorzon* veuille surprendre la belette lorsqu'elle passe, il est impossible qu'il y réüssisse, vû la légereté de celle-ci, si on ne lui accorde la vertu attractive en question, & au cas qu'on la lui réfuse, je prétends que dans le cas où il seroit obligé de combattre contre la belette, celle-ci auroit assez de vivacité & de force pour mettre en fuite tous les crapauds qui l'attaqueroient, surtout si elle faisoit usage de ses dents. Quant à l'exemple des chats qu'on allegue, il n'a pas assez de force pour mériter nôtre attention, d'autant plus qu'il arrive souvent qu'au lieu de la souris que le chat attendoit, il passe un rat monstrueux qui non seulement se défend, mais l'attaque & le met en fuite. Enfin, si je rapporte ce fait, c'est bien moins pour prouver ce que j'avance, que pour constater ce qu'on raconte des efforts que font les belettes pour s'éloigner du *Scorzon*, qui cherche à les attirer.

Les expériences que je viens de rapporter au sujet de l'Aiman, du fer, de l'acier, qui ont été aiman-

DE L'ORENOQUE. 65
rés, du *Jai* & du *Scorzon*, suffisent, selon moi, pour établir la certitude de la vertu attractive du *Buio*, & pour en convaincre les Européens ; & quant aux Américains, l'expérience qu'ils ont de l'attraction de cette couleuvre, leur fournit assez de lumières pour les obliger à reconnoitre de plus en plus la vertu attractive de l'Aiman, du *Jai* & du *Scorzon*.

Au reste, quoique les sçavans de l'un & de l'autre Continent conviennent unanimement de l'attraction dont je parle, ils auront toûjours beaucoup de peine à en découvrir la cause. Ce seroit ici le lieu de déveloper cette question, d'autant plus qu'elle appartient à l'histoire naturelle, qui entre dans le plan de mon ouvrage ; mais comme elle m'éloigneroit de la partie Historique, & que je ne présume pas assez de moi-même pour oser la décider, je laisserai ce soin à ceux qui sont plus sçavans que moi, & je terminerai ce Chapitre par deux ou trois observations qui pourront servir à augmenter nos connoissances.

§. VI.

On continuë d'examiner la vertu attractive du Buio.

Dans le dessein où je suis de rechercher la cause & la nature de la vertu attractive du *Buio*, je ne puis me dispenser d'entrer dans des détails, qui quoi qu'inutiles en apparence, serviront beaucoup à me faire entendre.

Jettons les yeux sur un de ces arbres qui croissent sur le bord des forêts, mais dans un endroit & dans une position, où ils ne sont exposés au soleil que d'un côté; on rémarquera, si l'on y fait attention, que l'arbre est infiniment plus touffu & plus nourri dans l'endroit où le soleil donne, que dans celui qui est à l'ombre, & qu'il fait effort pour s'approcher du soleil, de sorte que s'il étoit possible de le mettre sur des rouës extrêmement légères, & faciles à mouvoir, il fuivroit le cours de l'aftre dont les influences lui font fi falutaires.

Le foleil attire la partie de l'arbre qui eft la plus chargée de feüilles, dilatant les pores & les fibres, & purifiant les fucs nourriciers, qui lui donnent la vie & la vigueur, ainfi que nous l'apprend le Poëte Mantoüan (a), au moyen dequoi le fuc qui s'éleve des racines devient plus abondant, & circule avec plus de facilité dans toutes les parties de l'arbre, y trouvant des pores difpofés à le recevoir, au lieu que dans le côté, qui eft dans l'ombre, les pores fe trouvant refferrés, refufent le paffage aux fucs, ce qui eft cauffe que l'arbre maigrit & ne profite point.

On voit donc, felon nôtre fyftême, que les fucs & les fluides circulent en abondance dans les con-

(a) *Seù plures calor ille vias, & plura relaxat fpiramenta, novas veniat, quam fuccus in herbas.* Lib. 1. Georg. verf. 48.

duits qui leur sont destinés & se portent avec l'arbre, autant que celui-ci le permet, vers le soleil qui les attire.

Voilà que nous avons découvert en passant la cause du penchant mystérieux qu'à l'héliotrope pour le soleil, qu'il ne perd jamais vûë depuis le moment qu'il s'éleve jusqu'à celui où il se couche.

Qu'il me soit maintenant permis de philosopher comme il suit : le Soleil par ses influences est l'*attractif* qui attire à soi la plante immobile & insensible, autant que celle-ci peut le permettre ; donc réciproquement le *Buio* est l'attractif, qui détournant par la malignité de ses éfluves le cours naturel des esprits animaux, étourdit la personne ou l'animal, qui passe par l'endroit où il les dirige, & lui fait faire un mouvement qui le mene vers lui malgré soi, jusqu'à ce qu'il soit assez près pour qu'il le puisse dévorer.

Allons plus avant, & pour nous procurer quelque recréation, jettons la vûë sur les tourbillons qui résultent du choc de deux vents directement oposés, soit sur la terre, ou sur la mer, de manière que ne pouvant l'emporter l'un sur l'autre, ils concourent tous deux à former un tourbillon violent; qui se précipitant sur la mer ou sur la terre, y cause souvent des ravages effroyables: ceux qui tombent sur la terre, déracinent & emportent au loin des arbres d'une grosseur démesurée: ceux qui se jettent sur la mer, forment une espéce de pyramide, dont la base est dans la nuée, & sa pointe n'a pas plûtôt touché l'eau, qu'elle s'élargit, se condense, & attire une quantité d'eau prodigieuse, qui venant à retomber, fait périr les Vaisseaux qui se trouvent dessous, à moins qu'on n'ait la précaution de dissiper cette trompe & de la couper au moyen de quelques coups de Canons qu'on tire dessus.

Il est inutile de rechercher ici comment s'augmente la force attractive que nous supposons dans le centre de ces tourbillons, & il nous suffit de croire qu'à mesure que les vents contraires prennent un mouvement circulaire dans la nuée, s'ils ne se frayent point un passage à travers avec un bruit effroyable, ce qui est le plus ordinaire, ils obligent la nuée à descendre avec impetuosité sur la surface de l'eau, sans rien perdre du mouvement circulaire qu'ils lui ont imprimé. Là, venant à s'augmenter, à s'élargir, & à se consolider au moyen des vapeurs épaisses & humides qui s'attachent sur sa surface extérieure, & l'air qui est au dedans se purifiant se dilatant & se subtilisant par le mouvement & l'agitation continuelle où il est, il oblige les particules les plus grossiers à s'attacher à la surface intérieure du tourbillon, & dans cet état, plus l'air intérieur se subtilise & se rarefie, plus il cherche à s'élever, attirant à soi l'eau qui est dessous, pour éviter le vuide que la nature abhorre.

On peut Philosopher de même

sur la vertu attractive du *Buio*, en gardant la proportion réquise, & supposer, sans crainte de passer pour téméraire, qu'il sort de la gueule de ce serpent un tourbillon d'éfluves malins, qui après avoir infecté l'homme, ou l'animal, retourne avec impetuosité à la source d'où il est sorti, attirant à soi la proye, de la même manière que la trompe dont j'ai parlé, attire l'eau; & ce qui prouve la vérité de ce principe, c'est que comme l'unique reméde des mariniers est de rompre à coup de Canon l'air & la colonne que le tourbillon a formés, de même dans l'Amérique & dans les autres Païs, on n'en a pas trouvé de plus efficace que de couper l'air qui est entre le *Buio* & la personne qu'on veut sauver, pour qu'elle puisse prendre une autre route, & profiter de cet instant pour sortir de ce péril; d'où l'on peut conclurre, quoique la chose ne soit pas sensible à la vûë, que c'est dans l'air que réside le tourbillon d'éfluves vénimeux,

& que c'est dans son centre que se trouve *la vertu attractive*.

On peut comparer la vertu attractive de ce tourbillon empesté du *Buio*, à la pompe aspirante, dont on se sert pour vuider l'eau qui s'est amassée dans le fond des Navires, malgré la pésanteur dont elle est, sans qu'on puisse donner une autre raison de cet effet, sinon que l'eau monte, & abandonne malgré elle son centre, pour éviter le vuide, que la nature a relegué dans les espaces imaginaires, malgré les expériences dont on se sert pour prouver le contraire.

Enfin, ceux qui sont instruits de la direction & de l'attraction magnétique, peuvent choisir entre tous les systémes qu'ont proposés les Sçavans, celui qui leur plaira d'avantage, & l'accommoder sans effort à la vertu attractive de la couleuvre en question, en changeant seulement les termes; car les effets des éfluves & de l'haleine du *Buio*, sont si semblables à ceux de l'Aiman, l'aiman, & quant à l'attraction, qu'il ne peut y avoir beaucoup de différence dans les explications qu'on en donne.

Après avoir établi l'éxistence du *Buio*, expliqué l'action & la vibration des écoulemens qui en sortent, & indiqué differentes routes pour l'intelligence de sa vertu attractive, il est tems de passer à d'autres matières qui ne sont pas moins dignes de nôtre attention que de nôtre admiration.

§. VII.

De quelques autres Couleuvres vénimeuses, & des Remédes qu'on a trouvé contre leur vénin.

LEs trois Chapitres qu'on vient de lire, & les quatre qui suivent, sont de nature à inspirer de l'horreur au Lecteur, & à lui faire détester un Païs qui produit de pareils monstres, & qui est sujet à de pareils fleaux; mais j'ose l'asturer, sans blesser la vérité, que la chose est tout autre qu'elle ne paroît ici, & la raison en est manifeste. Cette multitude de *Buios*, de *Couleuvres*, de *Guacaritos* & de *Caymans* se trouvant ici rassemblée dans le court espace de six à sept feuilles, forme dans l'esprit de celui qui les lit, dans un petit intervale de tems, un composé monstrueux d'objets tristes & mélancoliques, capables de faire naître de l'aversion pour ces Païs, & un désir proportionné de n'en jamais approcher ; mais il est aisé de dissiper ce nuage, en faisant attention que cette foule d'animaux, dont l'assemblage épouvante, n'est pas si à craindre dans les Païs dont je parle, ne se trouvant point tout-à-la-fois dans le même lieu, dans la même Province, ni dans le même Royaume. Le terrein que mon Histoire embrasse est extrêmement vaste, & elle rassemble dans un court abregé des objets qui sont éloignés les uns des autres de plusieurs centaines de lieuës.

Là où l'on trouve des *Buios*, on ne rencontre point d'ours ; certains endroits produisent un plus grand nombre de couleuvres que d'autres, & il y en a même où l'on n'en trouve point du tout ; & il est certain, généralement parlant, que toutes les Provinces ne sont point sujettes à ces sortes de fleaux, de même qu'elles ne produisent pas toutes également, ni les mêmes arbres, ni les mêmes fruits, ce qui vient de la différente temperature des climats dont j'ai parlé dans le premier volume. Cette crainte dissipée, continuons ce que nous avons commencé.

§. VIII.

Autres Couleuvres malfaisantes, & Remédes contre leur vénin.

LEs couleuvres qu'on appelle *Caçadoras*, ou *Chaffeufes*, sont de la grosseur des *Buios*, mais elles sont plus longues de plusieurs aunes, & l'on ne peut voir sans éton-

Couleuvre chaffeufes.

D ij

nement la légereté avec laquelle elles courent après la proye qu'elles ont apperçûë, & qu'elles attrappent fans qu'elle puisse leur échapper. J'en ai vû de vivantes & de mortes, & leur ai trouvé des dents aussi grosses que celles du meilleur lévrier. On ignore si elles sont vénimeuses; mais quelles armes plus rédoutables que leur vîtesse jointe à l'opiniâtreté, avec laquelle elles mordent. Dans le tems que j'étois à l'Amérique, une de ces couleuvres saisit un laboureur par le talon & la cheville du pied. Comme il étoit homme de courage, il se saisit du premier arbre qui se presenta, & l'embrassa le mieux qu'il pût, en jettant des cris horibles. On accourut pour le secourir, & le serpent se voyant pressé, serra les dents, lui coupa le talon, & s'enfuit avec la vîtesse d'un trait. On peut voir par là quelle est la force de ces Bêtes cruelles, & combien il est dangereux de se trouver dans les endroits où elles font leur séjour.

Leur légereté.

Accident tragique.

On ne sera point surpris que ces sortes de couleuvres parviennent à une grosseur si démesurée, si l'on se rappelle que ces Païs sont déserts, & couverts de forêts immenses. Le Frere Barthelemi Lorenzo, dont le Pere Acosta a donné la vie, a trouvé dans l'Isle Espagnole des couleuvres d'une grosseur si monstrueuse, qu'on auroit de la peine à croire ce qu'il en dit, sur tout autre rapport que celui de cet Historien. Le Pere Simon (a) rapporte que dix-huit Espagnols étant arrivés dans les bois de *Coro*, dans la Province de *Venezuela* & se trouvant fatigués de la marche qu'ils avoient faite, ils s'assirent sur une de ces couleuvres croyant que ce fût un vieux tronc d'arbre abattu, & que lorsqu'ils s'y attendoient le moins, l'animal commença à marcher, ce qui leur causa une surprise extrême.

Ce que M. Salmon (b) raconte

(a) Hist. Conq. del Nuevo Regno, noticia 2. Cap. 3. num. 2.
(b) Tom. 2. Part. 2. Cap. 3.

des couleuvres de l'Isle de *Makassar*, dans les Indes Orientales, est encore plus extraordinaire. Il nous apprend qu'il y a dans ces Païs des singes aussi féroces que les chats sauvages, qui attaquent les voyageurs, sur tout les femmes, & les mangent après les avoir mis en piéces, de sorte qu'on est obligé pour s'en défendre d'aller toûjours armé. Il ajoûte que ces singes ne craignent d'autres bêtes que les serpens, qui les poursuivent avec une vîtesse extraordinaire, & vont les chercher jusques sur les arbres, ce qui les oblige d'aller en troupes pour s'en garantir, ce qui n'empêche pas qu'ils ne les attaquent, & ne les avalent tous en vie, lorsqu'ils peuvent les attraper. Ce fleau est encore plus grand que tous ceux de l'*Orénoque*.

Serpens à sonnette.

Les serpens à sonnette ne sont pas si grands que les précédens, ils n'ont que deux ou trois pieds de long. Ceux qui ont deux pieds de plus sont rares. Leur couleur est d'un gris de fer cendré & ondé. A l'extrêmité de leurs queuës est attachée ce qu'on appelle *Cascabelo*, ou sonnette, que les curieux & les Médecins récherchent avec beaucoup de soin, les premiers, pour sçavoir l'âge de ces serpens, après qu'ils sont morts, parce qu'il leur naît toutes les années un nouvel osselet, & les seconds, pour en composer un antidote, & un reméde pour plusieurs maladies. Cette sonnette ressemble à la cosse d'un pois de gravance après qu'elle est sechée sur la plante. Elle est divisée de même, & contient cinq à six osselets ronds comme des pois, avec lesquels, dés qu'il se rémuë, il rend un son pareil à celui de deux ou trois sonnettes, d'où est venu le nom qu'on lui donne.

Ainsi la nature, qui a fait ensorte que le tygre de l'Amérique, avant d'attaquer les passans, s'asseoit & rémuë lentement la queuë, comme font les chats, qui veulent se jetter sur une souris, a donné à celui-ci ce bruit qui annonce son approche, afin non seulement qu'on puisse l'éviter ; mais encore lui ôter la vie, & profiter de la dépoüille de ses sonnettes, qui sont d'autant plus cheres, qu'elles sont extrêmement difficiles à trouver.

Couleuvre Macaurel. La couleuvre appellée *Macaurel* est encore plus traîtresse : non seulement elle attaque les voyageurs à l'improviste, mais elle s'élance au visage de ceux qui vont à pied, avec une audace incroyable ; elle ne se contente pas du premier saut, *Elle s'élance avec une legereté incroyable pour mordre.* elle se jette sur eux à differentes reprises, s'irritant à proportion de la résistance qu'on lui oppose, lors même que celui qu'elle attaque est à cheval.

Le Capitaine Dominique Zorrilla de Salazar, chef de l'escorte que le Roi donne à nos Missionnaires, dont j'ai déja parlé dans cet ouvrage, allant au-devant d'un parti de *Guajivas*, qui menaçoit nôtre colonie de St. Ignace de *Chicanoa*, fut attaqué par une de ces couleuvres, qui s'élançant sur lui, le mordit au haut de la botte. Il mit le fabre à la main, & fe défendit long tems contre la couleuvre, fans pouvoir l'atteindre, à caufe de la vîteffe avec laquelle elle fe rémuoit; fe trouvant enfin fatiguée, elle s'entortilla à terre pour reprendre hâleine, & s'élancer fur lui avec plus de force, & cet Officier profitant de ce moment de relâche, lui tira un coup de fufil, qui la coupa par morceaux. Ce Capitaine me conta fon avanture un quart d'heure après, & il n'avoit point encore répris fa couleur naturelle, tant il étoit effrayé du danger qu'il avoit couru.

La couleuvre *Sibucàn* eſt d'une figure plus irréguliere que celle dont je viens de parler, elle eſt auſſi infiniment plus dangereuſe. Elle eſt de couleur de terre, ce qui fait qu'on a de la peine à l'appercevoir, lors même qu'elle eſt étenduë de tout fon long; mais on la diſtingue encore plus difficilement quand elle eſt entortillée,

Couleuvres Sibucaues.

D v

parce qu'elle ressemble à une bouse de vache desséchée au Soleil, & qui a perdu sa couleur. On ne peut concevoir comment une couleuvre aussi grosse peut rester cachée, & se réplier en elle-même, comme un bas que l'on veut chausser. Je n'ai point vû son squelette, mais je pense que son épine, qui dans les autres couleuvres, & dans les animaux, est composée de vertebres, qui donnent au corps la liberté de se mouvoir en tous sens, est faite dans la couleuvre *Sibucàn* de differens tuyaux osseux, qui s'emboitent les uns dans les autres, lorsqu'elle veut se mettre en un monceau.

Elles s'élancent pour mordre.

Quoiqu'il en soit, elle se déployé & s'élance si haut, qu'elle atteint la poitrine de ceux qui vont à pied, & les genoux de ceux qui sont à cheval, au risque des uns & des autres, parce que sa morsure est très-vénimeuse. Heureusement, on n'en trouve point, ni dans les païs froids, ni dans les païs chauds, elles ne vivent que dans ceux qui sont temperés, mais elles s'y multiplient si fort, faute de gens qui leur donnent la chasse, que le Pere Jean de Ortega, ayant voulu transplanter les Indiens *Ayricos*, & les *Arancas*, & quelques autres qu'il avoit fixés sur les bords de la Riviére *Macaguàne*, où ils sont encore aujourd'hui, au pied de la *Cordillére* de la saline de *Chita*, pour les soustraire aux chaleurs qui regnent sur cette Riviére, il fut obligé de changer d'avis à cause de la quantité de couleuvres qu'on y trouva. Car le Cacique & les gens de sa suite ayant voulu éclaircir le terrein qu'il y avoit au dessous d'un arbre, où ils avoient résolu de passer la nuit, ils trouverent sept couleuvres, dont ils eurent toutes les peines du monde à se défaire, ce qui les effraya si fort, qu'ils ne voulurent point s'y arrêter; ils se mirent donc en chemin, quoique la nuit fût déja avancée, & revinrent à *Macaguana*, disant, qu'ils aimoient mieux endurer la chaleur, que de se mettre au pou-

Lieux où elles abondent.

voir de pareils ennemis.

Serpent à deux têtes.

On trouve dans les païs chauds, surtout dans ceux où il y a beaucoup de fourmillières, une espéce de serpent à deux têtes, dont la description paroîtra fabuleuse à ceux qui n'en ont jamais vû. Ils sont pour l'ordinaire gros comme le pouce, & longs de deux palmes. Ils sont de couleur grise mêlée de tâches blanchâtres, & se meuvent fort lentement, ce qui fait qu'ils ne sont pas beaucoup à craindre, quoique leur morsure soit des plus vénimeuses.

Comme ils craignent la chaleur, ils ont soin de se mettre dans les fourmillières, pour y joüir de la fraîcheur, & c'est là que les laboureurs les trouvent, lorsqu'ils creusent & innondent les terres, pour en chasser les fourmis qui les ravagent. Ces serpens ne sortent de leurs répaires qu'après les grosses pluïes, l'instinct les portant à chercher dans les lieux humides un azile contre la chaleur du Soleil.

La nature voulant rémedier à

la lenteur de leur mouvement, leur a procuré un secours approchant de celui qu'elle a donné aux cancres de mer. Ceux-ci marchent de côté, & si après avoir été à droite, ils veulent revenir à gauche, ils le font sans changer de posture & sans être obligés de se détourner. Lors donc que les serpens dont je parle vont à l'Orient, ils traînent après eux la tête qui regarde le couchant, & celle-ci à son tour, entraîne la première, lorsqu'ils prennent une route opposée.

Le Pere Manuel Rodriguez parle de ces serpens à deux têtes dans son histoire du *Marannon*; mais comme il n'a pas eu la même occasion que moi de les voir, il a obmis plusieurs particularités que je vais rapporter, tant pour l'interêt public, que pour satisfaire la curiosité du Lecteur.

On sçaura d'abord qu'il est extrêmement difficile de tuer ces serpens, lorsqu'on ignore la manière de s'y prendre ; parce que si on les coupe en deux par le milieu du corps, les deux têtes se cherchent réciproquement, & lorsqu'elles se sont rencontrées, elles se séparent d'un commun accord, & se joignent de nouveau par les extrêmités qui ont été coupées, le sang servant de glu pour les unir. Si on les coupe en trois morceaux, chaque tête cherche le côté qui lui appartient, & apres s'y être attachée, le serpent se trouve dans le même état qu'auparavant. Le moyen de les tuer, est de couper les deux têtes avec une petite partie du corps, & de les pendre à un arbre avec un cordeau, encore cette manière n'est-elle pas sûre, car si quelque oiseau de proye ne les mange, le cordeau se pourrit, la couleuvre que le Soleil a desséchée tombe à terre, & à la première pluye qui survient, elle renaît, & s'enfuit. La chose paroît incroyable, & je la tins pour telle la première fois; mais le Frere Jean d'Agullon Apoticaire, Médecin & Chymiste du grand Collége de la

Province de *Santa-Fé*, m'ayant prié de lui envoyer de ces couleuvres, il m'en montra quatre deféches, qu'il tenoit penduës au plancher de fon laboratoire, & m'affura que dans l'état où elles étoient, il ne falloit que les mettre fur un terrein humide, pour les faire revivre au bout de vingt-quatre heures. Il me pria donc de faire fécher celles qu'il me demandoit fous la cheminée, & de les garantir de l'humidité, m'affurant que je ne pouvois lui faire un prefent plus utile.

Lui ayant demandé l'ufage qu'il en faifoit, il me montra une phiole dans laquelle il y avoit de la poudre de ces ferpens, & m'affura que c'étoit un reméde fpécifique pour fouder les os qui avoient été fracturés, & qu'il en avoit fait l'effai plufieurs fois. On ne peut donc fe refufer au témoignage d'un homme, qui joignoit à fa qualité de Réligieux, celle d'être parfaitement verfé dans les differentes parties de fa profeffion.

Ce que je viens de dire de la propriété de ces couleuvres se trouve confirmé par ce qu'on rapporte de la vertu d'une plante des Philippines que les Indiens appellent *Duētung-Agas*, c'est-à-dire, *qui rejoint les Couleuvres*, & dont ces animaux leur ont montré la vertu. Voici en quoi elle consiste. Lors qu'une couleuvre a été coupée en deux, elle va manger de cette herbe, & bassine avec ce qui lui en reste dans la bouche la playe qu'elle a reçûë, jusqu'à ce qu'elle ait trouvé la partie du corps qui a été separée, & l'ayant rencontrée, elle approche les playes l'une de l'autre, qui s'unissent aussi-tôt, après quoi elle s'enfuit. Les habitans des Philippines qui reçoivent quelque blessure, n'ont pas besoin de recourir au Chirurgien pour se faire panser, ils prennent de cette herbe, & en frottent les lévres de la playe, au moyen dequoi elle se referme aussi-tôt. Je tiens ce fait du Procureur Général de la Province des Philippines, qui est

Le Pere Joseph Calbo.

actuellement dans cette Capitale, à qui j'avois raconté ce que j'ai rapporté ci-dessus du serpent à deux têtes.

M. Salmon dans l'article de son Histoire universelle qui concerne les Philippines, fait mention de ces couleuvres & de l'herbe dont elles se servent pour se réjoindre quand elles ont été coupées, mais il semble douter de la vertu qu'on lui attribuë; il peut maintenant croire ce qu'on en rapporte sur le témoignage du Réligieux que j'ai cité, lequel joint à une grande connoissance du Païs, toutes les qualités qui peuvent rendre un témoin respectable.

Je ne doute point que le Lecteur ne soit ennuyé de la description que je viens de faire des serpens de l'*Orénoque*, c'est pourquoi je me dispenserai de parler de plusieurs autres qui infestent ce Païs: mais je ne puis passer sous silence le serpent *Coral*, qu'on nomme ainsi à cause de sa couleur incarnate, qui est entrêmelée de tâches noires,

Serpent Coral.

grises, blanches & jaunes. Ce serpent supporte également tous les climats, ce qui n'empêche pas que les couleurs ne se ressentent de leur variété ; mais son vénin conserve toûjours la même force, & il n'y en a point, si l'on en excepte la couleuvre *Macaurèl*, dont la morsure soit plus dangereuse. Parlons maintenant des remédes qu'on a trouvé contre la morsure de ces reptiles.

<small>Ses couleurs sõt variées & son vénin très actif.</small>

J'ai parlé ci-dessus des moyens cruels & barbares dont les Indiens Gentils se servent pour guérir les malades ; mais ces moyens ne s'étendent point à la morsure des couleuvres ; c'est pourquoi il ne sera pas hors de propos d'indiquer ici les remédes dont nos Missionnaires se servent en pareils cas pour soulager ces pauvres Indien, qui n'avoient jamais oüi parler de semblables antidotes.

<small>remédes usuels contre la morsure des couleuvres.</small>

<small>Antidote.</small>

Celui qui peut avoir la *Béjuque de Guayaquil*, dont j'ai parlé dans le vingt-huitiéme Chapitre du second volume, n'a pas besoin de

<small>Béjuque de Guayaquil.</small>

chercher d'autre reméde contre la morsure de ces reptiles ; mais il n'est pas aisé de se la procurer à cause de l'éloignement des lieux. On peut à son défaut se servir de la feüille de tabac, qui est un reméde efficace contre la morsure des couleuvres, qu'elle qu'en soit l'espéce. Il suffit d'en mâcher une certaine quantité, d'en avaler une partie, & d'appliquer l'autre sur la playe pendant trois ou quatre jours, pour n'avoir plus rien à craindre. J'en ai fait l'essai plusieurs fois sur des malades & même sur des couleuvres : après les avoir étourdies d'un coup de bâton, je leur ai saisi la tête avec une petite fourche, & leur ayant fait ouvrir la bouche en la pressant, j'ai mis dedans du tabac mâché, & aussi-tôt elles ont été saisies d'un tremblement général, qui n'a fini qu'avec leur vie, la couleuvre étant restée froide & roide comme un bâton. *Feüille de tabac.* *Expérience curieuse.*

Un troisiéme reméde dont on peut se servir, c'est la *Pierre Orientale* ; elle n'est autre chose *Pierre Orientale.*

qu'un morceau de corne de Cerf qu'on fait calciner jusqu'à ce qu'il ait pris la couleur du charbon. Il s'attache de lui-même à la playe, & attire tout le vénin qui est dedans ; mais il en faut quelque fois plus de six morceaux, & le plus sûr est de mâcher du tabac en même tems.

Appliquer une ventouse sur la playe.
Première dispose les chairs.

Lorsque l'endroit le permet, on applique sur la playe quatre ventouses séches, dont la premiere dispose le chairs, la seconde attire une liqueur jaune, la troisiéme une pareille liqueur teinte de sang ; & la quatriéme le sang tout pur, après quoi il ne reste plus de vénin dans la playe.

Eau de vie & poudre à canon

Voici un cinquiéme reméde dont on a éprouvé l'effet. Il consiste en une bonne quantité d'eau de vie, dans laquelle on a délayé de la poudre à canon, & à la troisiéme dose, le vénin perd toute son activité.

Béjuque des plages.

La Béjuque des plages est aussi un fort bon reméde dans ces sortes de cas. On l'appelle ainsi parce qu'elle croît sur les plages de presque toutes les Rivières des Païs chauds. Elle n'est pas si grosse que celle de *Guayaquil*, & ne s'entortille point autour des arbres, parce qu'elle croît dans les lieux sablonneux ; elle est de couleur verte, & elle est bonne contre le vénin des couleuvres, mais on l'employe rarement pour la raison que je vais dire ; & c'est que si après avoir bû son suc, on use de quelqu'un des remédes dont j'ai parlé, on perd infailliblement la vie. Or comme ceux qui ont été mordus des couleuvres ne se contentent pas ordinairement d'un seul reméde, il est rare qu'on fasse usage de celui-ci.

Enfin la défense du *Cayman* ou *Crocodille* est un antidote universel contre les poisons que les Indiens se donnent malicieusement les uns aux autres, elle est bonne aussi contre la morsure des vipéres & des couleuvres, comme on le verra dans le dix-huitiéme Chapitre.

Défense du *Cayman*. Antidote universel.

CHAPITRE XL

Insectes & reptiles vénimeux.

<small>Trois sortes de Mosquites.</small>

QUELQUE désagreable que soit la matière que je traite, à cause des objets fâcheux qu'elle offre à l'imagination, je ne puis me dispenser de la continuer, ne fut ce que pour prouver ce que j'ai avancé, que les fleaux dont ces Païs sont affligés, excedent de beaucoup ceux que ressentit autrefois l'Egypte. A peine quitte-t'on la mer pour entrer dans l'*Orénoque*, ou dans quelqu'autre Rivière des Païs chauds, qu'on se trouve en proye à une multitude infinie de *Mosquites*, qui sucent le sang des voyageurs & leur causent souvent des accidens fâcheux. Durant le jour, l'air est rempli, de gros *Mosquites* appellés *Zancudos*. parce qu'ils ont de longues jambes tachetées de blanc, qui se jettent sur le visa-

<small>Mosquites Zancudos.</small>

ge, les mains & les autres parties découvertes du corps, auxquels s'en joignent d'autres appellés *jejenes*, qui sont de la grosseur d'un grain de poudre à tirer, & d'autres encore de la même grosseur, qu'on nomme *Rodadores*, parce qu'après s'être remplis de sang, ils ne peuvent plus se servir de leurs aîles, & sont obligés de tomber à terre, où ils périssent par leur gourmandise. Ces trois espéces de *Mosquites*, outre le sang qu'ils tirent, causent une démangeaison incommode, qui coûte extrêmement cher, à ceux qui se laissent emporter à l'envie de se grater. Cette playe est encore supportable, parce qu'on se vange en partie de ces ennemis en en tuant une infinité, qui sont aussi-tôt remplacés par un million d'autres, & qu'on les écarte avec un éventail, ou avec un mouchoir; mais il n'en est pas de même d'une espéce de mouches noires comme du *Jai*, & de la grosseur des nôtres, qu'on appelle *Galofas*, qui volant avec une vîtesse incroya-

Mosquites Jejenes.

Mosquites Rodadores.

mouches appellées Galofas.

ble, insinuent leur aiguillon dans la chair, sucent le sang, & y laissent une playe. Peu de gens peuvent se vanter d'en avoir tué une seule, quoiqu'elles volent par millions, sur tout dans les Païs humides & marécageux. A ces mouches se joignent une infinité, de *Frelons.* frélons de differente grosseur, mais tous avides de sang, & si l'on voyage dans les forêts, ou qu'on cotoie les Riviéres dans une pirogue, on est en proie à une multi-
Guêpes. tude incroyable de guêpes, qui obligent les voyageurs à prendre la fuite, si c'est sur terre, ou qui les exposent à perir, s'ils sont sur l'eau, parce que les rameurs ne pouvant résister à leur furie, abandonnent les avirons, se jettent dans l'eau, & laissent le bâteau exposé à faire naufrage, & à être emporté par les courans.

Mosquites de *Gusano* extrêmement cruels. Tous ces insectes dont je viens de parler ne sont rien en comparaison de certains mosquites verds, qu'on appelle de *Gusano*, qui foisonnent sur les Riviéres d'*Apure*
&

& d'*Uru*, à *Tena*, à *Espinal* & dans les Païs excessivement chauds. Ces insectes sucent le sang comme les autres, mais ils déposent dans la chair un petit œuf imperceptible, qui animé par la chaleur naturelle, produit un *Gusano* velu de si mauvaise qualité, qu'il enflâme l'endroit où il est, & occasionne une fiévre aussi violente que si la tumeur étoit considérable. Le pire est que comme il est logé dans la chair vive, & que les poils dont il est couvert sont fort rudes, outre les douleurs violentes qu'il cause toutes les fois qu'il lui prend envie de manger, il ne fait pas un mouvement, que chacun de ses poils ne cause un picotement des plus cruels. Un étranger qui croit avoir une tumeur, & qui la traite comme telle, est perdu sans ressource, parce que cet insecte a déja fait dix à douze petits au bout de huit jours, qui travaillent chacun de leur côté dans la chair, pour s'y faire un logement & y déposer d'autres

Ils causent une tumeur remplie d'une infinité de Gusanos.

98 HISTOIRE

Ils causent la mort, lorsqu'ō n'y apporte point remede.

essains, desorte qu'il en a coûté la vie à un grand nombre de personnes. Dans les endroits où il y en a beaucoup, ils font périr les chiens, les chévres & même le gros bétail, qui en sont entièrement pénétrés.

Qu'on ne s'étonne point de me voir entrer dans un si grand détail ; comme j'ai éprouvé leur rage, je suis bien aise d'en garantir, si je puis, les étrangers qui aborderont dans ces Païs. Il est certain que personne ne peut éviter la morsure du *Mosquite* verd dans

Reméde pour tirer le Gusano.

les lieux où il y en a ; mais on peut empêcher qu'il engendre de petits, surquoi il faut observer que dans le centre de la tumeur enflâmée, qui est toûjours le plus élevé, on apperçoit une goûte d'eau que le *Gusano* jette par la bouche ; on met dessus du *Chimù*, ou de la quintessence de tabac, ou à son défaut, du tabac mâché, au moyen dequoi le *Gusano* s'enyvre, & augmente la douleur par le mouvement qu'il se donne. Alors on presse la chair avec deux doigts, à quelque distance de l'insecte, pour ne point l'écraser, & la pressant avec force, il sort tout entier, & l'on n'a plus qu'à penser la playe qu'il a faite, mais si on l'écrase, & qu'il meure dedans, ou qu'il n'en sorte que la moitié, il reste du travail pour plusieurs jours, parce qu'il se forme une tumeur, qu'on est obligé de traiter selon les régles ordinaires. Les six espéces d'insectes dont je viens de parler ne se montrent que dans le jour, il y en a d'autres qui paroissent durant la nuit, & qui non-seulement sucent le sang, mais privent encore du sommeil & du repos ceux qui en ont le plus besoin, pour se délasser du travail de la journée. *Autres insectes nocturnes.*

Aussi-tôt que la nuit paroît, l'air se remplit d'une quantité prodigieuse de *Mosquites Cenicientos*, qui sont extrêmement petits, mais fort incommodes, non-seulement par leurs piqueures, mais encore par le bruit & le bourdonnement *Mosquites nocturnes appellés Cenicientos.*

qu'ils font, & qui est tel, que si l'on pouvoit entrer en composition avec eux, on leur permettroit volontiers de sucer le sang, pourvû qu'ils voulussent se taire.

Pitos fleau très incommode. Il y a d'autres insectes gris d'une figure extraordinaire, & de la grosseur d'un frélon moyen, qu'on appelle *Pitos*, dont la piqueure, quoique cruelle, ne se fait point sentir; mais qui laissent en se retirant une cuisson & une douleur insupportable. Ils sont fort communs dans les Païs chauds, & sur tout dans les maisons nouvellement bâties, qu'ils n'abandonnent qu'au bout d'un an.

Chauve-souris. Les chauve-souris sont encore un fleau si cruel & si funeste, qu'il faut l'avoir éprouvé soi-même, pour le croire. Il y en a de deux sortes, les unes sont de la grosseur de celles que nous voyons en Espagne; les autres sont si grosses, qu'elles ont trois tiers d'aune de longueur d'un bout d'une aîle à l'autre. Les unes & les autres sont d'adroites sang-suës s'il en fut jamais, qui rodent toute la nuit pour boire le sang des hommes & des bêtes. Si ceux que leur état oblige de dormir par terre, n'ont pas soin de se couvrir depuis les pieds jusqu'à la tête, ce qui est extrêmement incommode dans des Païs aussi chauds, ils doivent s'attendre à être piqués de ces Chauve-souris. A l'égard de ceux qui dorment dans les maisons sans *Mosquiteros* (a) quand ils n'auroient que le front découvert, ils en sont infailliblement mordus, & si par malheur ces oiseaux leur piquent une veine, comme cela est assez ordinaire, ils passent des bras du sommeil dans ceux de la mort, à cause de la quantité de sang qu'ils perdent sans s'en appercevoir, tant leur piqueure est subtile ; outre que batant l'air avec leurs aîles, elles rafraîchissent le dormeur à qui elles ont dessein d'ôter la vie. Pour éviter ces sor-

(a) Sorte de Rideaux de *Canevas* ou de *Gaze*, en usage dans toute l'Amérique.

tes d'accidens, les Indiens ont coûtume de dormir dans des espèces de filets suspendus en l'air, qu'ils appellent *Chinchorros*.

Fleau horrible de Mosquites. Les Blancs, ou les Espagnols dorment dans des hamacs de coton: mais ni les hamacs, ni les Chinchorros, ne sont d'aucune ressource contre les *Mosquites*, & c'est ce qui a obligé les Indiens convertis de se servir de *Mosquiteros*. Les Gentils, pour s'en garantir pendant le jour, s'oignent, comme je l'ai dit, d'un onguent fait avec du beurre ou de l'huile & de l'*Achiolt*, & ils ont soin de renouveller cette onction lorsqu'ils vont se coucher. Quelques Nations, comme les *Otomacos*, se servent

Divers moyens pour s'é garantir. de pavillons faits de feüilles de palmiers, tissuës avec beaucoup d'art. D'autres établissent leurs dortoirs près des lieux où ils habitent. Ils consistent en de petites cabanes bien fermées, & couvertes de trois couches, pour les mettre à couvert des ennemis qui rodent la nuit & sur tout des Tygres, qui profitent de ce tems pour faire leur coup. Enfin, le besoin a obligé toutes ces Nations à chercher des moyens pour pourvoir à leur sûretés, & il n'y en a que trois, savoir, la *Guajiva*, la *Chiricoà* & la *Guama*, qui dorment à découvert, exposées aux fleaux dont je viens de parler, & à beaucoup d'autres dont je ferai mention, & si quelqu'un se trouve mort le matin, on l'enterre sans autre formalité, & sans se mettre en peine de prevenir de pareils malheurs.

Je n'ai jamais pû comprendre comment ces Peuples peuvent dormir au milieu de cette multitude infinie de *Mosquites* qui les obsedent, car ils ne sont pas plûtôt couchés, qu'ils leur donnent la chasse, & les tuent entre leurs mains, ce qui produit un tintamarre qui m'a souvent empêché de dormir. Le bruit diminuë au bout d'un quart d'heure, & au bout d'une demi heure on les entend ronfler d'une manière tout-à-fait insupportable. J'ai souvent crû qu'ils avoient trouvé le secret de chasser ces *Mosquites* par le moyen de la fumée, comme le pratiquent les *Guaraunos*, mais étant entré chez eux avec un flambeau, je les ai trouvés couverts depuis les pieds jusqu'à la tête, d'un million de *Mosquites*, qui cherchoient à se faire place pour les sucer, & dont les uns, aprés s'être rassasiés de leur sang, s'envoloient, pour faire place à d'autres. J'ai reconnu dans la suite qu'il n'y a rien à quoi l'homme ne s'accoûtume, ayant vû quelques uns de nos Missionnaires qui dormoient le visage, le front, & la tête couverte de ces insectes, sans sentir leur piqueure. La chose, quoique difficile à croire, n'en est pas moins certaine, mais je ne sçaurois comprendre comment la chair peut s'endurcir au point de ne plus sentir les piqueures de ces insectes incommodes.

Nous venons de parcourir tous les insectes qui s'engendrent dans l'air, & qui tourmentent le corps par le

L'homme s'habituë à dormir avec des millions de Mosquites.

moyen de leurs aiguillons. Si nous jettons maintenant les yeux sur la terre, nous y trouverons d'autres fleaux occasionnés par une infinité d'autres insectes également cruels & dangereux. Le sujet n'est pas des plus agréables, mais il est utile à ceux qui se trouvent exposés à ces incommodités, & curieux pour les personnes qui en sont éloignées.

CHAPITRE XLI.

De quelques autres insectes extrêmement vénimeux.

ON ne peut faire un pas dans les Païs chauds, sur tout dans les endroits où il y a des Rivières, qu'on ne sente par tout le corps une cuisson générale, laquelle est causée par une multitude de petits insectes imperceptibles, que les Espagnols appellent *Coquitos*, & les Indiens *Betoyes Sumi*. Ces

Coquitos ou Sumi.

E v

Reméde. unique contre leurs piqueures. infectes couvrent le corps d'ampoulles, & se font appercevoir apès qu'ils sont remplis de sang, mais leur petitesse est telle qu'on ne peut les saisir avec les ongles, de sorte qu'on est obligé de les souffrir, jusqu'à ce qu'on trouve un endroit convenable pour pouvoir s'oindre avec du tabac mâché, qui les fait tomber, ou les tuë ; mais ce moyen devient inutile, lorsqu'on est forcé de continuer sa route, parce qu'on est obligé de recommencer un moment aprés. Ces insectes sont extrêmement incommodes, mais heureusement, ils ne causent ni fiévre, ni aucun autre accident fâcheux ; on patiente donc jusqu'à la nuit, & alors on s'oint avec du tabac, pour pouvoir reposer tranquillement.

Coya insecte très dangereux. Les *Coyas*, ou *Coybas* sont d'autres insectes un peu plus gros que ceux dont je viens de parler. On les voit marcher sur les parties du corps où ils s'attachent, mais on n'oseroit les tuer, ni les toucher. Ils sont de couleur d'écarlate &

faits comme une tique ordinaire. L'humeur que cet insecte enferme dans la petite circonference de son corps est si maligne, que si on l'écrase, & qu'elle réjaillisse sur la peau de quelque personne ou de quelque bête, elle pénétre les pores, & s'insinuant dans la masse du sang, elle cause une enflure générale qui est bien-tôt suivie de la mort. L'unique reméde à ce mal, c'est de flamber le malade aussi-tôt qu'il commence à s'enfler avec une certaine paille que l'on trouve dans ces plaines, & qu'on appelle *Guaycan*. Aussi-tôt que cette paille est allumée, quatre ou cinq Indiens prennent le malade, les uns par les pieds, les autres par les mains, & lui font avec beaucoup d'adresse cette opération, après laquelle on peut compter qu'il ne mourra pas : reméde cruel, mais le seul qu'on ait trouvé contre cet accident.

Reméde cruel & unique.

A l'égard des animaux, leur instinct leur faisant craindre qu'il n'y ait des *Coyas* dans l'herbe qu'ils broutent, avant d'y mordre ils s'ebrouent fortement, pour écarter ce dangereux insecte. Quand ils sentent qu'il y en a un nid dans cet endroit, ils s'en éloignent & passent à un autre. De cette manière ils évitent ce cruel poison. Il arrive néanmoins quelquefois que l'insecte est si bien caché dans l'herbe, que la mule ne peut l'en écarter par ses ébrouemens, & qu'elle broute néanmoins cette herbe : en ce cas il n'y a point de reméde, il faut que la mule créve. On ne trouve ces insectes que dans les Païs extrêmement chauds, comme sont les vallées de *Neyva*, & dans quelques autres semblables, mais qui sont en petit nombre.

Araignées vénimeuses. On trouve dans les campagnes de *Merida*, où le climat est temperé, & dans d'autres semblables, des araignées si vénimeuses, qu'elles causent infailliblement la mort aux personnes & aux animaux qu'elles piquent, lorsqu'on n'y apporte pas un prompt reméde. On se sert pour l'ordinaire de suif pilé avec du tabac, dont on fait un emplâtre, qu'on applique sur la partie lesée.

Les *Niguas* sont un fleau universel ; on les trouve non-seulement dans les Païs chauds, & dans les Païs temperés, mais encore dans ceux qui sont froids, quoiqu'en moindre quantité. On les nomme *Piques* au Perou & dans les autres Provinces, & *Sicotù* chez les *Jyraras*. Personne n'est exempt de cette engeance, si ce n'est peut-être deux ou trois, dont les humeurs sont extrêmement irrégulières. On ne peut s'en garantir, quelque soin qu'on prenne, elles s'insinuent à travers les bas & les souliers, elles pénétrent dans la chair vive, & y causent une douleur & une cuisson extraordinaire. Cet insecte est à peu près fait comme une puce, mais sa petitesse le rend presque imperceptible. Ses jambes n'ont pas le ressort des jambes des puces, ce qui n'est pas une petite faveur de la Providence ; car si cet insecte

Niguas ou *Piques.*

avoit la faculté de fauter, il n'y a corps vivant qui n'en fut rempli, & la quantité de cette engeance feroit périr les trois quarts des hommes.

Cet infecte est toûjours dans la pouffiére, & on le trouve plus abondamment dans les lieux mal propres. Auffi-tôt qu'il est entré dans la chair, il se fait un nid d'une tunique blanche & deliée, qui a la figure d'une perle platte, il se tapit dans l'un des deux côtés de cet espace, de manière que la tête & les pieds sont tournés vers la partie extérieure, pour la commodité de la nourriture, & la partie postérieure de son corps répond au côté intérieur de la tunique, afin qu'il puisse y déposer ses œufs. A mesure qu'il en pond davantage, la petite perle s'élargit, jusqu'à ce qu'elle soit parvenuë à avoir une ligne est demie, ou deux lignes de diamétre, ce qui arrive au bout de quatre à cinq jours, Cet infecte, est extrêmement fâcheux pour les Indiens & les Négres qui ne portent point de chaussure, & qui n'ont pas soin de le tirer; & comme il se multiplie considérablement ils n'y sont plus à tems lorsqu'ils veulent le faire. Il arriva en 1720 à la *Guayane* quelques familles des Canaries, dont la plus grande partie mourut, pour avoir negligé de tirer les *Niguas*.

Il est bon de sçavoir qu'on tenteroit inutilement de tirer la *Nigua* lorsqu'elle est une fois entrée dans la chair, ce qu'on l'on connoit à la cuisson qu'elle cause; parce qu'à mesure qu'on élargit le trou, elle s'insinuë plus avant, & expose à des accidens plus fâcheux. Le plus sûr est donc d'attendre le jour suivant, & alors on la tire avec sa tunique, qui est de la grosseur d'une petite perle, après quoi l'on met dans le trou un peu de cendre chaude de tabac, pour prevenir l'inflammation, qui pour l'ordinaire accompagne cette opération. On est donc indispensablement obligé de se faire visiter les

Il ne faut pas la tirer d'abord.

pieds tous les matins par un valet, qui a soin de tirer les Niques qui s'y sont attachées, avec une aiguille ou une épingle, & il ne se passe pas de jour qu'il n'en tire quatre, six, quinze, & même plus, selon le temperamment dont on est.

Reméde contre les Niguas.

Il y a un reméde efficace pour écarter les *Niguas* & les faire mourir lorsqu'elles sont entrées, dont j'ai éprouvé plusieurs fois la vertu. Il n'est autre qu'une résine que les Indiens *Tunevos* de *Patute*, du *Pinnal* de *Chisgas* & de *Guacamayas* recüeillent au pied des bruyeres negées de *Chita*, dans le centre d'une fleur blanche que les arbres de ce canton produisent ; elle est blanche lorsqu'on la cüeille, & ressemble à du beurre bien lavé, mais elle perd cette couleur en vieillissant. Elle a l'odeur du lard rance, & se fond naturellement entre les doigts. Elle est bonne pour plusieurs maladies, comme je le dirai en son lieu. On s'en frotte les pieds, & on les presente

Otova, ou Otiva.

sur de la cendre chaude, elle penetre dans les chairs, elle fait mourir les *Niguas* qui s'y trouvent, & empêche qu'il n'en revienne d'autres durant l'espace d'un mois. Comme elle perd sa vertu au bout de ce tems-là, il faut s'en frotter de nouveau, & c'est en pratiquant cette méthode que je me suis toûjours délivré des *Niguas*, & que j'en ai délivré tous ceux qui s'en sont servis. Dans le cas où les *Niguas* se sont entiérement emparées des pieds & d'une partie des jambes, par le peu de soin qu'on a eu de les tirer, on se frotte également de cette résine, & on presente un tison à la partie, à une distance convenable, pour la faire fondre, on s'enveloppe ensuite les pieds, & l'on n'a pas reïteré cette onction trois jours de suite, que toutes les *Niguas* meurent, la croute tombe, & la peau rentre dans son premier état. J'ai guéri avec ce reméde un grand nombre d'Indiens, de Négres & de Blancs, ainsi l'on ne sçauroit

Manière de se servir de cette résine.

douter de la vertu que je lui attribuë. Quelques personnes intelligentes m'ont assuré que le *Brai* faisoit le même effet que l'*Otova*, mais au défaut de l'un & de l'autre, on peut employer le suif, pourvû qu'on ait la précaution de s'en frotter plus souvent.

Le Brai a la même vertu.

On ne sçait point encore, & la chose n'est pas facile à décider, si le *Serpenteau* dont je vais parler naît à la plante des pieds par la malignité des humeurs qui y forment un dépôt, ou à l'occasion de quelque insecte qui s'y attache comme les *Niguas*. Ce qu'il y a de certain est, que cette maladie, quoique moins commune que bien d'autres, regne à Carthagéne des Indes & dans d'autres endroits excessivement chauds & humides. Elle se manifeste par une enflure circulaire grosse comme la moitié du doigt, laquelle est accompagnée d'inflammation & de fièvre. Je ne crois pas qu'on ait jamais oüi parler de cette maladie en Europe. Pour connoître le siége du mal, le Chi-

Le Serpenteau ou Culubrilla.

Symptome de cette maladie.

rurgien lave le pied affecté avec de l'eau la plus chaude qu'on puisse souffrir, & lorsqu'il l'a essuyé, il découvre une tumeur plus ou moins ronde, selon que le *Serpenteau* est plus ou moins inveteré, après quoi il procede à l'opération de la maniére suivante. Il commence par se munir d'un lac de soye torse bien forte, il fait mettre le pied du malade dans de l'eau chaude, au moyen de quoi le *Serpenteau*, suffoqué par la chaleur, se fraye un passage à travers la peau, & montre sa tête pour respirer; il la saisit promptement avant qu'il la retire, avec le lac dont je viens de parler, & attache son extrémité autour du col du pié, pour que le lac reste tendu, après quoi il enveloppe la partie malade, & le jour suivant, il réitere le bain, & l'on trouve que le *Serpenteau* est sorti de la longueur d'un ongle. La difficulté de cette opération consiste en deux choses, à ne point trop presser le *Serpenteau* pour le faire sortir, & à em-

Opération qu'elle exige.

pêcher que la soye ne se lâche, & qu'il ne rentre. Il faut beaucoup, d'adresse pour prevenir l'un & l'autre de ces accidens; car si le *Serpenteau* vient à se rompre avant qu'il soit tout sorti, le morçeau qui reste dedans se corrompt, le pied s'enfle, & la guérison devient fort longue & fort difficile. Enfin à force de tems & de bains, le *Serpenteau* sort tout entier sous la figure d'un bourdon de harpe, long environ d'un tiers d'aune. Cet animal est presque tout nerveux, & n'a pas beaucoup de chair. Je tiens ce détail, du Pere Charles de Anisson, qui avoit été attaqué de cette maladie, & qui en fut guéri de la manière qu'on vient de voir.

Autre Serpenteau egalement incommode.

Symptomes.

On est encore sujet dans les Païs chauds & humides, sur tout dans les vallées de *Pauto* & de *Casanare*, où sont nos anciennes Missions, à une autre espéce de *Serpenteau*, dont les symptomes sont horribles. Il me sera d'autant plus facile de les décrire, que j'en ai été affecté moi-même, & pour épargner à autrui les souffrances que j'ai endurées, j'indiquerai en même tems un reméde sûr & facile pour le guérir. Cette maladie se manifeste par une inflammation à la poitrine, ou à l'épaule, qui est dans peu suivie de fiévre. La tumeur se couvre de grosses cloches, remplies d'une humeur aqueuse fort claire, l'inflammation s'étend ensuite tout autour du corps, comme si le *Serpenteau* vouloit rentrer dans l'endroit d'où il est sorti ; la tumeur s'allonge en pointe comme une pyramide, & l'endroit qu'elle occupoit aujourd'hui, se trouve le lendemain tout couvert d'ampoulles. Le *Serpenteau* m'avoit déja presque entouré la moitié du corps, sans que je trouvasse personne qui pût me définir cette maladie, ni me donner un reméde pour arrêter ses progrès. Enfin, un Indien sauvage, bâtisé depuis peu ; appellé Ignace *Tulijay*, me voyant affligé, me consola en ces termes : *Babicà, fajiju, futuit fu, rufay* fafoleju : c'est-à-dire : *mon Pere, tu es perdu sans ressource, & il ne te reste d'autre reméde que de te laisser brûler.* Brûle moi, lui dis-je, comme il te plaira. & en effet je n'avois pas d'autre parti à prendre. Il fit aussi-tôt rougir un couteau, avec lequel il brûla le *Serpenteau* en dix sept endroits, commençant par un bout, & finissant par l'autre. L'insecte ne fit pas plus de progrés, la fiévre me quitta en peu de tems, mais je fus plusieurs jours à guérir de mes brûlures. Je reçûs pendant cet intervalle la visite d'une vieille Métive, qui se piquoit de sçavoir la Médecine, & qui me témoigna être fachée du reméde dont l'Indien s'étoit servi ; ajoûtant qu'elle avoit appris de ses ancêtres, que pour tuer ce *Serpenteau*, il suffiroit de faire chauffer un limon, de le remplir de poudre, après l'avoir coupé en deux, & d'en frotter souvent l'inflammation. Elle me dit encore qu'elle sçavoit par expérience, que lorsque le *Serpenteau*

Reméde cruel dôt se servent les Indiens.

Reméde plus facile, & plus supportable.

joint sa tête avec sa queuë, pour faire un cercle dans l'espace où il est, il survient des accidens si fâcheux, qu'ils ôtent la vie au malade. Le reméde qu'on vient de voir est très-efficace, & n'éxige point de régime; je m'en suis servi depuis avec succès, cette maladie, comme je l'ai dit, étant fort fréquente aux Indes, & je le rapporte pour qu'on s'en serve dans l'occasion. On sçaura, au reste, que le *Serpenteau* n'affecte pas seulement le tronc, par exemple, la poitrine, & les épaules; il se jette aussi sur les bras, les cuisses, & les autres parties du corps, sans aucune différence dans les symptomes. J'ai peine à me persuader que ce soit un animal vivant, comme les gens de ce Païs le prétendent; cependant ce qui me le feroit croire, c'est la manière circulaire dont le mal se répand. J'ai éprouvé dans la suite que pour guérir cette maladie extraordinaire, il ne faut que froter souvent la tumeur avec un limon tiéde.

Le Bicho & ses symptomes.

C'eſt auſſi une opinion généralement reçûë parmi le Peuple, & qui trouve même créance chez les perſonnes de diſtinction, que le *Bicho*, qui eſt une maladie fort commune dans les vallées dont j'ai parlé, eſt occaſionné par un inſecte qui naît dans les inteſtins, ou qui s'y inſinuë à la façon du *Serpenteau* & des *Niguas*. Cette maladie ſe manifeſte au dehors par une fièvre violente, accompagnée d'un aſſoupiſſement ſi profond, qu'il n'eſt pas poſſible de faire ouvrir les yeux au malade; & de plus les muſcles hémorroïdœux ſe relâchent à un point extraordinaire. On la guérit aiſément en fomentant ces Muſcles avec du jus de limon, & en en faiſant avaler au malade; mais ſi l'on tarde d'y apporter reméde, il eſt ſaiſi au bout de douze heures d'un leger tremblement dans le bras gauche, qui ſe communique en peu de tems au droit; ce tremblement paſſe enſuite aux pouces, qui ſe retirent, & de là aux autres doigts

Reméde efficace contre cette maladie.

doigts, qui viennent se coller contre la paume de la main; & il meurt au bout de vingt-quatre heures, après avoir souffert de violentes convulsions dans tous les membres.

Les raisons que les habitans m'ont données pour me prouver que le *Bicho* étoit un animal vivant, n'ont jamais pû me convaincre. Je regarde plûtôt cette maladie comme une espéce de fièvre ephemere, qui agit sur le sang, dont une partie se porte au cerveau, & produit l'assoupissement dont j'ai parlé, & ce qui me le persuade est, qu'on n'a pas plûtôt bassiné les muscles hémorrhoïdaux, que la fièvre & l'assoupissement cessent, & les muscles reprennent leur premier état. Ce ne sont-là que de simples conjectures, sur lesquelles les Médecins pourront s'exercer, s'ils le jugent à propos.

Les *Aradores* sont encore un fleau des Païs chaud. Les gens du Païs prétendent que ce sont des

Aradores

animaux imperceptibles, mais tout ce qu'on en sçait, c'est qu'ils se frayent un chemin entre cuir & chair, traçant des sillons demi circulaires, qui causent une cuisson insupportable. Cette maladie jette de profondes racines, & l'on n'a point encore trouvé de spécifique pour la guérir; on l'appaise, il est vrai, avec du limon chaud & de la poudre, mais elle reprend sa force en peu de tems.

Voici encore une chose qui m'a beaucoup surpris: j'ai assisté dans ces Païs plusieurs moribonds, qui n'avoient d'autre maladie qu'un gonflement de rate, qui leur couvroit toute la région de l'estomac, & j'ai observé que dès que ce gonflement s'est étendu de l'autre côté jusqu'à la penultiéme côte, le malade est mort sans avoir eu le moindre accès de fiévre.

CHAPITRE XLII.

Poiſſons vénimeux & voraces.

APRE'S avoir découvert à ceux qui voyagent par terre les dangers qu'ils ont à craindre de la part des bêtes féroces & des inſectes vénimeux, ceux qui navigent ſur les Rivières & les Lacs auroient raiſon de ſe plaindre de moi, ſi j'oubliois de les inſtruire des riſques qu'ils ont à eſſuyer de la part des animaux qui s'y trouvent, des moyens dont ils doivent ſe ſervir pour s'en garantir, & des remédes qu'il convient d'employer dans les cas où ils en ſeront bleſſés. Les premiers Eſpagnols qui remonterent & deſcendirent l'*Orénoque*, eurent beaucoup à ſouffrir de ces poiſſons, & les Anglois qui ſont venus après eux, y ont perdu une infinité de ſoldats, ainſi qu'on peut le voir dans nos hiſ-

Il eſt important de connoître ces poiſſons pour s'é garantir.

F ij

toires, aussi bien que dans les journaux de leurs voyages, qui ont été compilés par Mr. de Laet: mais comme ils n'avoient d'autre but que de découvrir des mines, ils ne se sont attachés qu'à marquer le chemin qu'ils ont tenu, negligeant ce qui concernoit les animaux qui faisoient périr leurs soldats & leurs matelots; c'est dequoi je vais parler dans ce Chapitre, qui deviendra par-là extrêmement utile à ceux qui seront obligés de voyager sur ces Riviéres.

Précaution avec laquelle on doit boire l'eau de ces Lacs & de ces ruisseaux.

Les Journalistes dont je viens de parler se plaignent que les eaux des Lacs & des marais qui sont aux environs de l'*Orénoque*, leur ont fait périr beaucoup de monde, & je trouve leur plainte bien fondée; mais je reponds à cela, que si avant que d'en boire, ils avoient eû la précaution de les couler deux ou trois fois à travers d'un linge, ou d'un morceau de drap, ils auroient prévenu ce malheur, qui seroit arrivé jusqu'aujourd'hui à beaucoup d'autres, s'ils avoient negligé cette précaution. Ces sortes d'eaux venant à se corrompre, se couvrent d'une mousse verte, & il s'y engendre une quantité prodigieuse de sangsuës, de tetards & d'autres reptiles semblables, dont la grosseur est presque imperceptible, & qui venant à entrer dans l'estomac, s'y attachent, y croissent, & y portent leur malignité; ce qui joint à la corruption de l'eau, cause plusieurs accidens fâcheux, dont on n'a point d'exemple aujourd'hui.

J'ajouterai à cela que personne ne doit passer à guè, ni Rivière, ni lac, ni marcher dans l'eau le long des grandes Rivières, sans sonder avec un bâton les endroits où il pose les pieds; parce que toutes les Rivières, les ruisseaux & les lacs des Païs chauds contiennent des raïes cachées dans le sable. Elles ont la figure d'un plat, & croissent à un point extraordinaire; elles ont le ventre à terre, & la bouche, qui est au

Quantité prodigieuse de Rayes, & leurs échardes.

milieu, toûjours collée contre le sable ou la terre, dont elles hument la substance : elles ont la queuë large, & armée de trois ou quatre piquans fort durs & fort pointus, outre qu'elle est couverte jusqu'à la racine de dents faites comme celles d'une scie, extrêmement dures & pointuës.

Les Indiens se servent de ces piquans pour armer leurs fléches; la blessure en est mortelle & très-difficile à guérir, tant ils sont vénimeux. Dès que la raïe entend du bruit, elle leve la queuë & la récourbe, & blesse ceux qui la foulent par mégarde, étant toûjours cachée dans le sable. Celui qui s'arme d'un bâton, & qui sonde les endroits où il passe, n'en a rien à craindre, parce qu'elles s'écartent dès qu'elles sentent le bâton.

Son venin.

On sçaura maintenant que quelque forte que soit la piqueure de la raïe, il n'en sort pas une goute de sang, soit parce que la froideur de ce piquant vénimeux le fige, ou parce que le sang se retire par une espéce d'antipathie. Cette idée m'a donné occasion de faire deux expériences, dont on se sert aujourd'hui dans toutes les Missions contre la piqueure des raïes, à laquelle les Indiens n'avoient point trouvé de reméde, & ils mouroient tous d'un cancer qui se formoit dans la playe. Les Espagnols avoient trouvé le secret d'appaiser la douleur, en appliquant dessus un morceau de fromage tout chaud; mais ce reméde n'empêchoit point qu'il ne s'y formât une playe extrêmement dangereuse. Les Indiens adultes sont rarement exposés à être piqués des raïes, parce qu'ils ont soin, lorsqu'ils traversent une Riviére, de sonder le gué avec l'arc dont ils se servent pour tuer les poissons. Les enfans sont le plus exposés à ce malheur, parce qu'ils sont presque toûjours dans l'eau, & il y en a même qui ne sont pas fachés d'être blessés, pour être dispensés d'aller à l'école & au cathéchisme;

Remédes contre la piqueure des Rayes.

F iiij

1°. Ail. Maniere de l'appliquer. Premier essai de ce reméde.

Dans le dessein de prevenir ce malheur, & poussé par la réfléxion dont j'ai parlé ci-dessus, la premiere fois qu'on m'amena un de ces enfans, je pris le cœur d'une gousse d'ail, & l'introduisis dans la playe. Il n'y eut pas resté quelque tems, qu'il survint une hemorragie abondante, qui l'en fit sortir; j'en mis un second, & le sang sortit de nouveau, mais en moindre quantité, & je n'eus pas gardé chez moi le malade trois jours, qu'il fut parfaitement guéri, sans qu'il survint la moindre inflammation à la plaie; par où il paroît, que la chaleur de l'ail dissout le sang que le venin avoit coagulé, & que le sang en sortant, entraine avec lui le venin qui s'étoit introduit dans la playe.

Noix Muscade. Essai de ce Reméde.

Cet essai me donna occasion d'en faire un second, qui fut de remplir la playe que la raïe avoit faite avec de la rapure de noix muscade & elle produisit le même effet, & avec les mêmes circonstances que je viens de rapporter.

je passe sous silence plusieurs autres particularités de la raie, & je finis par une observation qui m'a extrêmement surpris, & c'est qu'en ayant disséqué une, je lui trouvai la matrice, non point remplie d'œufs, comme c'est l'ordinaire dans les autres poissons, mais de petites raies large comme la moitié d'une piéce de douze sols, qui avoient toutes la queuë armée des piquans, pour être en état de blesser au sortir du ventre de leur mere.

Les *Guacaritos*, que les Indiens appellent *Mudde*, & les Espagnols *Caribes*, à cause de leur extrême voracité, sont en si grand nombre, & si avides de chair humaine, qu'il n'y a pas d'autre moyen de s'en garantir que de prendre la fuite, & de les éviter ; car si l'on en est une fois attaqué, ils vous mangent jusqu'aux os, avant qu'on ait eu le tems de se sauver. On sçaura qu'un homme qui a le corps sain, & qui n'a aucune plaie sur lui, peut entrer dans l'eau, &

Guacaritos, Muddè, Caribes.

Leur multitude & leur voracité.

F v

nager au milieu d'une multitude de *Guacaritos*, pourvû qu'il sache écarter les *Sardinas Bravas*, sans craindre d'en être offensé ; mais s'il vient à se piquer à quelque buisson, ou contre quelqu'autre chose que ce puisse être, & qu'il sorte une seule goute de sang, il est perdu sans ressource, tant ces animaux ont l'odorat subtil, pour découvrir le sang par tout où il est. Il y a quelques années qu'un homme étant obligé de traverser la Rivière de *Cravo*, dans un tems qu'elle étoit extrêmement enflée, il dessella son cheval, laissa la selle sur le rivage, & le montant a crû, il se mit en devoir de la traverser. Malheureusement pour lui, son cheval étoit blessé sur le dos, l'odeur du sang attira les *Guacaritos*, & ils fondirent sur lui en si grande quantité & avec tant d'impetuosité, qu'étant descendu de cheval pour se sauver à la nage & gagner la terre, il sortit de l'eau presque tout mangé, de sorte qu'il expira

Malheur arrivé à un Passager.

un moment après. Cet homme n'avoit sur lui aucune playe, mais ses camarades jugerent qu'il avoit été ainsi dévoré par un pur accident, & la chose paroit croyable; car on a observé que les *Guacaritos* se mangent les uns les autres dans ces sortes d'occasions, parce que ceux qui sont les plus voisins de la proye se trouvant teints de sang, les nouveaux venus les mangent, & je crois que c'est ce qui arriva à nôtre passager.

Les Guacaritos dévorét un enfant de six à sept ans.

Il n'y a pas long-tems que chez les Indiens de la Mission de *Guanapalo*, les Alguazils de la Doctrine apporterent au Pere Missionnaire un squeletté nouvellement décharné d'un enfant de six à sept ans, qui étoit entré dans la Rivière avec une legére écorchûre sur le corps. Les *Guacaritos* se jetterent sur lui avec tant de furie, qu'il fut impossible de le sauver, quoiqu'il y eut plusieurs Indiens sur le rivage, pas un n'osant s'exposer à perdre la vie pour le secourir.

F vj

Sardinas Bravas. Les *Guacaritàs* sont communs dans toutes les Rivières qui se jettent dans l'*Orénoque*, dans tous les ruisseaux & dans tous les lacs, & comme ils ne sçavent point ouvrir la brêche, s'il ne la trouvent faite, ainsi que je l'ai dit, ils vont en compagnie d'une multitude innombrable de petites sardines qui ont la queuë rouge, & qui sont extrêmement hardies & voraces. On n'a pas plûtôt mis le pied dans l'eau, que ces sardines viennent vous mordre, après quoi les *Guacaritos* achevent ce qu'elles n'avoient fait que commencer. Aussi les Indiens qui sont obligés de passer une Rivière à gué faute de canot, ont-ils soin de gambader, & de battre l'eau avec un bâton, pour écarter les sardines, les raïes & les *Guacaritos* dont les dents sont si aiguës, que les Indiens *Quirrubas*, & quelques autres, qui ne portent point de cheveux, se servent de leurs machoires en guise de ciseaux pour les couper, après les avoir attachées ensemble avec un cordon.

Il y a à l'embouchure de l'Oré-noque, sur les côtes de l'Ile de la Trinité & sur celles du *Golfe Triste*, un autre poisson appellé *Tamborete*, dont les pécheurs se soucient si peu, qu'après l'avoir pris dans leurs filets, ils le rejettent dans l'eau, parce que ceux qui le mangent per inadvertance s'enflent tout d'un coup, & meurent sans ressource. Je vais le décrire pour qu'on le connoisse. Le plus gros ne pese pas onze onces; il n'a point d'écailles, mais il est couvert d'une peau beaucoup plus épaisse que ne porte sa grosseur; il a le dos noir, & le ventre blanc.

Tamborete, poisson mortel.

Il est fort vénimeux.

Le poisson à épée, s'imaginant que les canots qui naviguent sur les Rîviètes sont des animaux qui viennent l'attaquer, sort hors de l'eau sa tête, qui est armée d'une epée, non point à deux tranchans, mais faite comme une scie, dont ils les frappe si rudement, qu'il les renverse quelque fois. Lors que le canot est vieux, il en emporte pour

Poisson à *Epée*.

l'ordinaire un morceau, & s'il est neuf, il laisse la moitié de son épée dans le bord, & s'enfuit à moitié désarmé. Son épée le rend redoutable aux autres poissons, sans en excepter les *Caymans*, les *Manatis*, & les *Bagres*, qui fuyent sa rencontre; à plus forte raison les hommes doivent ils l'éviter, pour ne point ressentir les effets de sa colere.

Son courage, & sa façon de combattre.

On trouve dans toute l'étendue du *Golfe-Triste* depuis les bouches de l'*Orénoque* jusqu'à celles des *Dragons*, le poisson *Manta*, que les pirogues des pêcheurs, de même que celles des passagers, fuyent à toute voile. On lui donne le nom de poisson, quoiqu'il n'en ait pas la moindre apparence. Il ressemble à une courte pointe, & il est si large, qu'il couvre presque entièrement le canot dont il s'approche, ce qui le fait ordinairement périr avec tous ceux qui sont dedans.

Poisson Manta, & sa figure extraordinaire.

Je n'ai jamais vû ce monstre: mais voyageant en 1730 & 32

dans le *Golfe-Triste*, je fus témoin de l'effroi des Matelots & des passagers qui en apperçûrent un. Des personnes dignes de foi m'ont raconté que les plongeurs qui pêchent les perles, s'arment d'un couteau pointu & affilé pour pouvoir s'en défendre, & que les *Mantas* se retirent dès qu'elles se sentent blessées.

Le *Bagre armé* est un poisson à qui l'on donne ce nom, pour le distinguer des autres *Bagres* dont le goût est fort bon, & qui n'ont ni armes offensives ni défensives. Celui-ci, est armé depuis les ouïes jusqu'à l'extrêmité de la queuë d'un rang de pointes osseuses fort aiguës, & faites comme les serres d'un aîgle; il nage avec la vîtesse d'un traïs, & s'il rencontre un poisson, un *Cayman*, un homme, ou quelqu'autre animal, il le met en passant dans un tel état, qu'il ne sçauroit plus vivre. Sa chair est de si mauvaise odeur qu'on ne sçauroit la manger.

On donne à ce poisson le nom

Bagre armé.

Poisson Trembleur ou Torpille. de *Trembleur*, à cause qu'il fait trembler ceux qui le touchent, ne fut ce qu'avec un batôn ou un roseau à pêcher ; on l'appelle aussi *Torpille*, à cause de l'engourdissement qu'il cause. Il est fait comme une anguille, mais il vient beaucoup plus gros, & j'en ai vû qui étoient de la grosseur de la cuisse, & qui avoient plus d'une brasse de long.

Sa figure extraordinaire. La chair de ses flancs est fort savoureuse, mais remplie d'aretes faites comme une fourche, tout le reste du corps n'est qu'un composé de graisse extrêmement blanche. Il n'a point d'oüies, mais deux especes d'oreilles de couleur de rose, dans lesquelles réside la vertu qu'il a d'engourdir, & cela est si vrai, qu'après qu'il est mort, les Indiens le manient & le coupent pour le faire boüillir ou rôtir, sans éprouver aucun tremblement ; au lieu que le contraire arrive, lorsqu'ils lui touchent les oreilles. Tout son corps est solide, à l'exception d'un petit espace qui est au-dessous de la bouche, où l'on ne trouve aucun inteſtin, mais ſeulement le ventricule, au-deſſous duquel eſt le conduit des excrémens. Ce poiſſon ſe tient dans le lit des Riviéres, & l'on ne trouve là ni *Cayman* ni aucun autre gros poiſſon, tant ils ont peur de la *Torpille*. Voici la manière dont elle pêche les poiſſons de groſſeur moyenne; elle s'approche d'eux en nageant, les étourdit & les avale à ſon choix. Elle aime ſur tout les petites ſardines, & la façon dont elle les prend eſt des plus curieuſes. Les ayant reconnuës, elle les ſuit juſques auprès du rivage, & la formant un demi cercle de ſon corps, en appuyant ſa tête & ſa queuë contre le rivage, toutes les ſardines qu'elle touche en prenant cette figure, & celles qui donnent contre en voulant l'éviter, reſtent engourdies, & renverſées ſur le dos autant de tems qu'il le faut pour qu'elle puiſſe les avaler, n'ayant point de dents pour les manger.

Manière dont il pêche.

Le *Payara* eſt un des plus beaux poiſſons de ces Rivières & ſa chair

Poiſſon Payara.

a un fort bon goût ; on en trouve qui pesent plus de vingt-cinq livres; ce qui n'empêche pas qu'il ne s'élance hors de l'eau à la hauteur de plus d'une aune, & si quelqu'un de ceux qui vont dans les canots a un pourpoint, une ceinture, un habit d'écarlate, il s'élance dessus, & y reste pendu par les dents. On pêche ce poisson sans hameçon, & il ne perd la vie que par un effet de sa gourmandise. Voici la manière dont on le prend. On attache au bout d'un bâton un morceau de bayete rouge, & on la lui montre, ou du rivage, ou du canot ou l'on est.

Violence avec laquelle il s'éleve hors de l'eau pour mordre.

Le *Payara* ne la voit pas plûtôt, qu'il s'élance, & la saisit avec les dents comme je viens de le dire ; car il a les dents fort longues & fort aiguës, & celles de la mâchoire inférieure sur tout, sont si longues, qu'elles passent dans la tête par des ouvertures que la nature y a menagées, & vont sortir près des yeux. Comme il serre fortement ce qu'il saisit, & que le drap résiste, il reste pris avec ses propres armes; il arrive souvent qu'en s'élançant ainsi hors de l'eau, il attrape quelqu'un des Indiens qui rament, ou qui pêchent tous nuds, & lui emporte un morceau de la cuisse ou de la jambe. Je passe sous silence plusieurs autres poissons, parce que les uns sont en petite quantité, & que les autres n'ont rien de dangereux. Il me reste à parler des *Caymans*, dont ceux qui ont écrit l'histoire de l'Amérique, ont dit beaucoup de choses. Comme j'ai fait un long séjour à l'Amérique, que j'ai eu plusieurs fois à faire à eux, que j'ai examiné leurs ruses, & la structure de leurs corps par la dissection que j'en ai faite, j'en dirai encore assez pour satisfaire la curiosité du Lecteur.

Crocodille ou Cayman.

CHAPITRE XLIII.

Des Caymans ou Crocodilles & de la vertu qu'on a découverte depuis peu dans leurs dents.

Le Cayman est fort laid.

LE *Cayman* est si laid & si hideux, que je manque de termes pour le décrire, & pour le définir. il est la férocité même, un avorton informe, l'horreur de tous les êtres vivans, & l'animal le plus formidable qu'il y ait dans la nature; de sorte que si je voulois peindre le Demon, je ne pourrois pas mieux le representer que sous sa figure. Cette trompe énorme, noire & osseuse, couverte de verruës, ces mâchoires longues de plus de quatre palmes, ce labyrinthe de dents, qui forment un double rang de rasoirs acerés, tant dans la mâchoire d'en haut que dans celle d'en bas, ces yeux saillans, malins

& penetrans qui paroissent sur la surface de l'eau, pendant que l'animal a tout le corps dedans, pour découvrir tout ce qui se passe, ce dragon à quatre pieds, horrible sur la terre, & formidable dans l'eau, dont les écailles resistent aux balles, cet amas de pointes rudes & inégales, qui lui couvrent les flancs & la queuë d'un bout à l'autre, tout cela, dis je, montre la férocité, la colere & la fureur de cet animal. & je manque de termes pour exprimer l'idée que je me forme de ce monstre infernal.

Heureusement pour les hommes, les *Caymans* ne sont pas carnaciers, ils ne se nourrissent d'autre chose que de poisson, & même ils ne l'ont pas toûjours à leur disposition, parce qu'étant extrêmement pesans, & lents à se mouvoir, & les poissons les craignant à un point extraordinaire, ils passent souvent des jours entiers sans en attraper aucun ; & cela est si vrai, qu'en ayant ouvert quelques uns après leur mort, je leur ai presque toûjours trouvé l'estomac vuide, si j'en excepte une grande corbeille de petites pierres fort lisses, qui s'étoient polies les unes contre les autres à l'aide du frottement. J'ai voulu en apprendre la raison, sans avoir jamais pû y réüssir, chaque Nation ayant là-dessus des sentimens, qui sont plûtôt fondés sur des conjectures que sur la verité. Le plus raisonnable, selon moi, est celui des Indiens *Otomacos*, grands ennemis des *Caymans*, mais fort friands de leur chair, dont je parlerai tantôt. Ceux-ci prétendent qu'à mesure que le *Cayman* grossit, il reconnoit la peine qu'il a de plonger au fond de la Rivière, sur le sable de laquelle il repose, chargé du poids de l'eau qui coule sur lui; & que guidé par son instinct, il va sur la plage, & avale autant de pierres qu'il lui en faut pour pouvoir gagner le fond où il a coûtume de reposer; d'où il suit, que plus il grossit, plus il a besoin de pierres pour lui servir de lest

Marginalia: Son estomac est chargé de pierres.

& de contre poids, ce qui fait, comme je l'ai dit, que les gros *Caymans* ont l'eſtomac chargé de pluſieurs corbeilles de pierres.

Pluſieurs perſonnes qui ont lû ce que je viens de rapporter à la hâte & ſans réfléxion, m'ont attribué le ſentiment que j'allegue, & qui eſt celui des Indiens *Otomacos*, comme m'appartenant en propre, ſans faire attention à ce que j'ai dit, que tous s'en tenoient à de ſimples conjectures, faute de ſçavoir au vrai ce qui en eſt. J'ai dit, il eſt vrai, que ce ſentiment s'accordoit mieux avec mes idées, comme étant plus probable que celui des autres Indiens, qui n'a aucun fondement; mais quand même ce ſeroit le mien, je me ſentirois aſſez fort pour le défendre, & pour réfuter les raiſons dont on ſe ſert pour le combattre. Je vais réfuter en paſſant l'argument qu'on m'a fait, & qui eſt tel que voici.

Le Cayman eſt un poiſſon : Dieu a donné au poiſſon toute l'agilité, néceſſaire pour nager, monter &

descendre dans l'eau : donc le Cayman n'a pas besoin de pierres pour plonger. Si je voulois nier la majure, la dispute seroit finie. Je nie d'abord que le *Cayman* soit un poisson : c'est un animal amphibie comme le loup marin, la loutre, *l'Ante*, la *Higua*, & certaines espèces de bêtes à poil, appellées *Irabubos*, qui comme le *Cayman*, vivent également sur terre & dans l'eau. Mais je veux que ce soit un poisson, & je passe à la mineure, qui se trouve fausse par rapport au poisson appellé *Coletò*, animal pesant & misérable, qui vit dans les fossés qu'il se creuse lui-même sur le bord des Rivières, & qui à mesure qu'elles diminuent en creuse d'autres plus bas, d'où les Indiens le tirent plus sûrement. La *Raïe*, dont j'ai déja parlé, est un poisson, cependant elle vit au fond des Rivières de l'Amérique, ordinairement couverte de sable, dans lequel elle se traine, changeant de place, selon que la

Rivière

Riviére croît ou diminuë, laissant ses traces sur la plage.

Dieu donne aux êtres sensitifs qu'il a créez les choses dont ils ont besoin de deux manières, ou réellement, ou virtuellement. Il a donné au poisson à épée une arme dont il se sert également pour attaquer & pour se défendre. Il a donné des griffes au lion, des dents au chien, & ainsi des autres animaux. Il a donné tout cela à l'homme virtuellement, lui donnant l'industrie nécessaire pour inventer des armes, offensives & défensives, & dans ce même sens, il a donné au *Cayman* ce dont il a besoin pour plonger, lui accordant un instinct qui le porte à avaler les pierres dont il a besoin pour cet effet. Il a donné de même à l'Epervier & à d'autres oiseaux de proye, qui aprés avoir mangé avec excès, ne peuvent s'élever en l'air, un instinct naturel qui leur fait rendre ce qu'ils ont pris de trop, pour pouvoir s'envoler plus aisément. Les gruës sont fort lenres à prendre leur essor, & pour n'être point surprises à l'improviste, elles se rélevent les unes les autres pendant la nuit pour faire sentinelle, & comme celle qui fait le guet craint de s'endormir, elle tient un pied en l'air, & saisit avec ses griffes une pierre, ou une motte de terre, qui venant à tomber dans le cas où elle s'endort, la reveille aussi-tôt. Le même maître, qui a donné cet instinct à la Gruë, a donné de même celui dont j'ai parlé au *Cayman*. Voici maintenant comment je rétorque cet argument, ayant égard à la façon de voler des gruës : *La gruë est un oiseau : le Créateur a donné aux oiseaux tout ce dont ils ont besoin pour voler : donc les gruës volent sans avoir besoin d'aucun secours étranger.* Et voilà qu'on est obligé de donner à cet argument la même solution que j'ai donné au précedent, distinguant la mineure, & niant la conclusion car comme la gruë ne peut soutenir en volant le poids de sa tête

Dieu lui a donné une instinct qui la porte à la reposer sur le dos de celle qui va devant; & lorsque celle-ci est fatiguée, elle quitte sa place, & va reposer la sienne sur le dos de celle qui est à la queuë, sans quoi elle ne pourroit voler, de même que le *Cayman* ne pourroit aller au fond de l'eau sans les pierres dont il charge son estomac.

On voit donc que le Créateur, en donnant aux animaux l'industrie admirable dont je viens de parler, a eu non-seulement égard à leur conservation, mais encore à nôtre instruction, comme on le voit dans les Abeilles, & dans les Fourmis, qui composent un corps de République des mieux réglés qu'on puisse imaginer. Ceux qui souhaiteront quelque chose de plus merveilleux, n'ont qu'à voir dans l'histoire du Canada, ou de la nouvelle France, la République que forment les castors, la vie sociable qu'ils menent, leur gouvernement domestique, & l'industrie admirable avec laquelle ils conſtruiſent leurs habitations, ſans qu'il y en ait aucun d'oiſif parmi eux, car les uns coupent le bois, d'autres les portent, ceux-ci pai-triſſent du mortier, ceux-là le charrient, tandis que les autres, comme autant d'Architectes, s'em-ploient à mettre en uſage les maté-riaux qu'on a aſſemblés.

Toutes ces choſes, & une infinité d'autres qu'on remarque tous les jours juſques dans les plus petites araignées, m'ont fait dire que je panchois pour le ſentiment des In-diens *Otomacos*; & en effet, ils ne s'éloignent pas beaucoup de la vérité, lorſqu'ils pretendent que le *Cayman* avale des pierres pour lui ſervir de leſt, imitant en cela les mariniers qui en uſent ainſi à l'égard des vaiſſeaux, pour qu'ils voyagent avec plus de ſureté. Comme donc plus un vaiſſeau eſt grand, & plus il lui faut de leſt, de même plus le *Cayman* eſt gros, & plus il a de pierres dans l'eſtomac. C'eſt là un fait inconteſtable, & non

DE L'ORENOQUE. 149
seulement j'en ai été témoin moi-même, comme je l'ai dit ci-dessus, mais la chose est de notorieté publique dans tous les endroits où il y a des *Caymans*, tant dans les Indes Occidentales, que dans les Orientales. Lorsqu'il n'y a point de pierres dans les Riviéres, ils retiennent les os des animaux qu'ils ont devorés, ainsi que le Capitaine Dominique Zorrila m'a dit l'avoir vû dans la Riviére de *Tamé*. Mr. Salmon (a) assure que sur les côtes de *Mindanao* & de *Xolo*, on trouve dans le ventre des crocodilles des os d'hommes, d'animaux, & une grande quantité de pierres qu'ils avalent, pour remplir leur estomac. Je rapporte le passage original, pour que le lecteur s'assure lui-même de ce que j'avance.

Ce n'est que par hazard que les *Caymans* mangent de la chair hu-

Les Caymans sont à

___
(a) Aperti alcuni di essi Coccodrilli, si sono trovati n'el loro ventre, ossi di homini, e di animali; come ancor pietre, che inghiotono, per implersi lo estomaco. Tom. 2. Cap. 9.

G iij

maine, & de-là vient que sur les Riviéres où il n'y a point de peuplades, & où il passe peu de bâteaux, ils ne sont à craindre qu'en trois differens tems, sçavoir, dans les mois de Septembre & d'Octobre, qu'ils sont en chaleur, & qu'ils pourchassent leurs femelles. Lorsqu'ayant déposé leurs œufs dans les trous qu'ils creusent pour cet effet sur les plages, où la chaleur du Soleil & du sable les fait éclorre, le mâle & la femelle font le guet, pour que personne ne les enleve. Lorsque les petits *Caymans* étant éclos, ils regagnent l'eau tous en troupe, accompagnés de leur pere. Dans cette occasion-ci, & dans les deux autres, ils se livrent immanquablement à leur colere, & attaquent les passans avec furie, outre qu'il sort de leur corps une odeur insupportable, qui étourdit, de sorte qu'il est besoin de voyager alors avec beaucoup de vigilance & de circonspection.

Les *Caymans* abondent principa-

[marginalia: craindre en trois differens tems. Maniere dont les Caymans gardent leurs petits.]

lement dans les torrens des Riviéres, dans les endroits où il y a des tournans d'eau, près des rochers où les bâteaux ont accoutumé de faire naufrage, dans les lieux où les Indiens vont se baigner, & prendre de l'eau pour leur usage, dans tous ces endroits, dis-je, on trouve des *Caymans* extrêmement friands de chair humaine. On en trouve aussi dans les eaux *dormantes*, où ils se tiennent plongés : Ils ont les yeux sur la surface de l'eau, pour guetter leur proye, & c'est là aussi où il en périt un grand nombre par les fléches de *Canna Brava* que leur tirent les Indiens. Cette canne, à qui l'on a donné ce nom à cause de sa dureté, est un poison si actif pour les *Caymans*, que pour peu que la fléche leur entre dans le corps, ou au dessous des bras, ou dans les yeux, (ce sont les deux seuls endroits où l'on puisse les blesser,) ils meurent en peu de tems & reviennent sur l'eau. Comme ils sont fort voraces, on leur tend un piége appellé *Tolete*, lequel con-

{Lieux dangereux par la quantité de *Caymans* qui s'y trouver.}

{Manière dont on les préd.}

fifte en un morceau de bois dur & pointu par les deux bouts, qu'on enveloppe d'un poisson, ou d'un morceau de chair. La *Tolete* est attachée à une forte courroie qu'on lie bien ferme à terre. *l'hameçon* flotte sur l'eau, & le *Cayman* qui l'apperçoit le hape, impatient d'avaler la viande qu'il voit devant lui; mais il s'engorge tellement, que les pointes du bois lui entrant dans les deux mâchoires, il ne peut ni ouvrir ni fermer la gueule. Le pêcheur attend un moment, & le tire à terre avec le secours de ses camarades, quelque effort qu'il fasse pour résister.

On emploie le même moyen pour les tirer à sec sur le rivage, sans qu'il soit besoin de viande, ni d'aucun autre amorce, & c'est là une fête, non point de taureaux, mais de *Caymans*, qui merite d'être vûe. L'Indien prend la *Tolete* par le milieu, & agace le *Cayman*, qui se chauffe au Soleil la gueule ouverte de plus d'une aune. Celui-ci ne voit pas plutôt venir l'Indien, qu'il court à lui la gueule béante pour le haper. L'Indien, qui se tient à une distance convenable, fait un pas de côté, & le *Cayman* passe outre, sans que l'Indien s'en mette en peine, cet animal ayant les vertebres de l'épine si roides & si inflexibles, qu'il est obligé de décrire un grand cercle pour venir rejoindre son ennemi. l'Indien l'attend de pied ferme jusqu'à deux ou trois fois, & même plus, l'évitant toûjours avec la même adresse, à la fin, il délie la corde, il empoigne fortement le bâton, & attend le *Cayman* sans bouger de la place; celui ci se jette sur lui avec fureur pour le devorer, & alors l'Indien, avec une intrepidité étonnante, lui plonge le pieu & tout le bras dans la gueule, assuré qu'en la fermant, les deux pointes de la *Tolete* lui entreront dans les deux mâchoires, sans qu'il puisse ni ouvrir ni fermer la gueule. Dans cet état, il devient furieux & ataque les assistans, qui l'agacent

Fête digne d'être vûë.

154 HISTOIRE

comme un Taureau, & se divertissent à le voir s'élancer contre l'un & contre l'autre ; bien assurés que tout le mal qu'il peut faire, est de renverser celui qui n'est pas assez agile pour l'éviter. Je doute qu'on ait jamais vû dans les cirques, ni dans les Amphithéatres de Rome un pareil exemple d'intrepidité & d'adresse ; il est tel, qu'il faut en avoir été témoin pour le croire ; mais le Lecteur se souviendra qu'il n'est ici question que d'un barbare qui se jouë avec une brute. Les Indiens de *Campêche* se procurent le même divertissement, mais les habitans des Philippines sont infiniment plus adroits qu'eux, aussi ont ils à faire à des *Caymans* plus legers & plus agiles que ceux de l'Amérique.

Combat du Cayman & du Tygre

Je n'ai jamais vû combattre le *Cayman* avec le Tygre ; mais les Indiens m'ont raconté, que pendant que le premier se chauffe au Soleil, le Tigre lui saute dessus, & lui enfonce ses quatre griffes dans le corps. Le *Cayman* ne pouvant plus se défendre, se plonge dans la Riviére, pour noyer son ennemi. Si le Tygre a pû auparavant lui déchirer le ventre, & lui arracher les entrailles, il le tire à sec & le mange; mais si le *Cayman* peut une fois gagner le fond de la Riviére, le Tygre se noye, & le *Cayman* vient le dévorer sur le rivage.

On sçaura que le *Cayman* étant sous l'eau, a la liberté de mordre tout ce qu'il rencontre, mais qu'il ne peut manger, c'est pourquoi quand il a pris quelque chose, il levè la tête hors de l'eau, & va manger sa proye sur les bords de la Riviére. La raison en est qu'il n'a ni langue, ni autre chose d'approchant, mais seulement une grosse luette charnuë & informe, qui lui bouche le gosier, lorsqu'il ferme la gueule, & qui permet à l'eau d'y entrer, lorsqu'il la tient ouverte; mais comme il se noyeroit infailliblement s'il restoit long-tems dans cet état, il a soin, lorsqu'il saisit un animal, de le serrer jusqu'à ce qu'il meure;

Le Cayman ne peut manger sous l'eau.

& lorsqu'il ne le sent plus remuer, il le porte sur la plage, où il achève de le manger.

œufs de Cayman

Les Indiens aiment beaucoup les œufs du *Cayman*, & ils sont fort aises lorsqu'ils peuvent en découvrir une nichée, où ils en trouvent toûjours pour le moins une quarantaine. Ils sont de la grosseur d'un oeuf médiocre d'autruche, ronds par les extrémités, & couverts d'une coque blanche comme ceux des poules, mais beaucoup plus épaisse. Ils les font cuire dans une marmite, & quand même en les ouvrant, ils y trouveroient des petits *Caymans*, ils ne s'en mettent point en peine, & avalent le tout brutalement. Tous ces œufs ne contiennent que de la glaire, au centre de laquelle on découvre une tache grise noirâtre, que les Indiens prétendent être la tête du *Cayman* qui doit en sortir. (a)

Je le crois ainsi, car ayant ou-

(a) La femelle du *Cayman* pond plus de cent œufs d'une seule portée dans

vert plusieurs de ces œufs couvés, j'ai observé que le corps & la queuë du petit *Cayman*, qui a plus d'un demi pied de long, sont roulés tout au tour de la surface intérieure de l'œuf, & que la tête reste dans le centre; ils la sortent dès qu'on casse l'œuf, & mor-

l'espace d'un ou deux jours. Dès qu'elle les a mis bas, elle les couvre de sable, & a l'attention de se rouler dessus, pour cacher l'endroit où ils sont, poussant même la précaution, jusqu'à se veautrer tout autour, pour mieux desorienter les ennemis de son espéce. Après avoir ainsi pourvû à leur sûreté, elle se replonge dans l'eau, & les laisse couver aussi long tems que la nature lui enseigne qu'ils en ont besoin. Alors elle vient suivie du mâle, & écartant le sable, elle découvre les œufs, en casse la coque, & aussi-tôt les petits *Caymans* sortent sans autre accident. La mere les met sur son dos, & sur les écailles de son cou, tâchant de gagner l'eau; mais le mâle en mange autant qu'il peut, & elle dévore elle-même ceux qui se détachent d'elle, ou qui ne nagent pas; de sorte que d'une si nombreuse couvée, à peine en échape-t-il cinq à six. N. D. T.

dent avec furie le batôn dont on s'eſt ſervi pour cet effet, y enfonçant leurs dents bien avant, ſi bien que ces animaux hideux naiſſent avec toutes leurs armes.

Quelque redoutables que ſoient les armes du *Cayman*, elles lui deviennent inutiles contre l'adreſſe & la témerité des Indiens *Otomacos* & des Indiens *Guamos*, qui ſe regalent de ſa chair, ſur tout pendant l'hiver, & dans le tems que les Riviéres ſont trop hautes pour pouvoir aller à la pêche. Deux Indiens prennent une forte courroye faite de cuir de *Manati*, à l'extremité de laquelle ils font un lacs, ou nœud coulant, ils la tiennent chacun par un bout, & lorſqu'ils voyent un *Cayman* qui prend le Soleil, ils s'en approchent ſans bruit, & l'un d'eux lui jette le lacs autour du muſeau; Le *Cayman* s'élance auſſi-tôt dans l'eau, & emporte l'Indien, lequel ſans s'éffraier lui monte deſſus d'autant plus ſurement, qu'il ne peut, ni tourner la tête pour le mordre,

Seconde manière de prendre les Caymans.

DE L'ORENOQUE. 159
ni doubler la queuë pour l'attraper. Le *Cayman* ainsi chargé du poids de l'Indien, va bien-tôt au fond, mais lorsqu'il y arrive, il a dèja la trompe ferrée avec trois ou quatre tours de la courroie, dont le dernier & le meilleur, parce qu'il assure les autres, est dans le cou même : l'Indien sort de l'eau aussi frais que si rien n'étoit, & se joint à son compagnon pour tirer le *Cayman* à terre, où ils le tuent, quoiqu'il se défende le mieux qu'il lui est possible avec la queuë.

Pour cet effet, ils lui donnent un gros coup de bâton sur les yeux, pour l'étourdir, & avant de redoubler, ils lui enlevent les écailles de la poitrine, où reside comme dans son centre le musc insuportable qu'ont ces animaux, car si le *Cayman* vient à mourir avant qu'on lui ait enlevé ces écailles, ou la table qu'elles forment, sa chair prend une si mauvaise odeur, que les Indiens, tous voraces qu'ils sont, ne peuvent plus la manger. La table enlevée, ils dépecent sa

Sa chair est bonne à manger, pourvû qu'on lui ôte avant qu'il meure la table de la poitrine.

chair, qui est aussi blanche que la neige; elle est tendre, de fort bon goût, & on en mangeroit avec plaisir sans la crainte où l'on est qu'il n'ait mangé quelque homme, ou quelqu'autre animal. Elle contient pour l'ordinaire beaucoup de graisse, les Indiens la gardent pour la paîtrir avec leur pain, ainsi que je l'ai dit, & comme il y a une grande quantité de *Caymans*, ces deux Nations ont assez de viande pour passer leur hiver; & voilà jusqu'où peut aller l'industrie humaine.

On a vû dans le premier volume, que le pain dont se servent les *Otomacos* contient au moins la moitié de terre; il semble qu'une pareille nourriture devroit leur nuire, cependant ces Indiens sont infiniment plus forts, plus grands & plus robustes que tous les autres. Cela m'a donné occasion de rechercher pourquoi la terre, qui fait tant de mal aux enfans & aux femmes enceintes, qui leur ôte la couleur, & qui les fait tomber malades, en fait si peu aux *Otomacos*, qu'ils mangent non seulement de ce pain, mais encore des mottes de craie toute pure, sans en recevoir aucun dommage. J'ai trouvé après plusieurs expériences que la graisse de *Cayman* nettoye l'estomac, & emporte toute la terre qui peut s'y trouver, & que si on en donne à ceux qui sont opilés pour en avoir mangé, une once à jeun, trois ou quatre jours de suite, en y mêlant un peu de sucre, pour lui ôter son mauvais goût elle balaye toute la terre qu'ils ont dans l'estomac, leur rend l'appetit, & la couleur qu'ils avoient perduë, & c'est dequoi il y a une infinité d'exemples.

La graisse de Cayman est excellente pour nettoyer l'estomac.

Les indiens jettoient autrefois dans la Rivière les têtes des *Caymans* qu'ils avoient pris, mais il y a quelques années qu'ils les gardent à cause du profit considerable qu'ils font sur leurs dents. ils les vendent fort cher, & on les recherche avec soin, pour les envoyer aux personnes de distinction, qui

Vertus des dents du Cayman.

les reçoivent comme un grand présent, depuis qu'on a découvert dans la Province de Caracas la vertu qu'elles ont contre le venin. On l'a éprouvée en tant d'occasions, que ceux qui ne portent point une de ces dents enchassée dans de l'or ou de l'argent au bras, où on l'attache avec une petite chaine, ont toûjours aux mains une ou deux bagues faites de ces mêmes dents, pour se garantir des herbes vénimeuses dont les Esclaves Negres se servent pour s'empoisonner les uns & les autres, & même pour se défaire de leurs maîtres. Il n'y a pas long-tems qu'on connoit cette vertu, & voici à quelle occasion on la découvrit. Un esclave Negre qui servoit dans une habitation de Caracas, voulant se défaire d'un de ses camarades, employa toutes les herbes & tous les poisons qu'il pût s'imaginer pour en venir à bout. Voyant que son ennemi ne s'en trouvoit pas plus mal, il voulut en sçavoir la cause, & pour cet effet il lui envoya des présens, il

Comment on a découvert la vertu des dents de Cayman.

lui rendit visite & l'accabla de mille caresses, auxquelles l'autre répondoit avec d'autant plus de sincerité, qu'il ne le soupçonnoit d'aucun mauvais dessein. A la fin, ce Négre lui dit un jour: Camarade s'il prenoit jamais envie à quelque méchant Chrétien de nous empoisonner, aurois-tu quelque reméde pour nous guérir? là-dessus son camarade sortit le bras, troussa sa manche, & lui montrant une dent de *Cayman*, qu'il portoit attachée sur la chair, il lui dit ingenument; mon ami, tant que je porterai cette dent sur moi, il n'y a point de poison qui puisse me nuire. Cette réponse se répandit, & l'expérience ayant confirmé ce que ce dernier avoit avancé, les dents de *Cayman* acquirent une réputation qu'elles ont conservée depuis.

Il arriva dans ce tems là qu'une femme voulut empoisonner son mari. Elle lui donna divers poisons, qui ne firent aucun effet, parce qu'il portoit toûjours sur lui une dent de *Cayman*. Ce cas fit du bruit dans la ville de Panama, & se repandit dans celles de *Guayaqu'il* & de *Quito*, où l'on fit plusieurs expériences sur des animaux, leur donnant du poison, après leur avoir attaché une dent de *Cayman* au cou; le resultat fut qu'ils vomirent sur le champ la viande empoisonnée qu'on leur avoit donnée, & qu'ils n'en reçûrent aucun dommage.

On a depuis appliqué cette même dent sur la morsure des vipéres & des couleuvres, & l'on a trouvé que c'étoit l'antidote le plus efficace & le plus universel qu'on pût employer en pareil cas. La chose est de notoriété publique dans les trois Provinces, & qui plus est, on a éprouvé que la morsure de ces espéces de vipéres, appellées *Bejuquillo*, contre laquelle on ne trouvoit presque point de reméde, cede en peu de tems à la vertu de cette dent, comme cela conste par un acte juridique qui a été dressé à *Guayaqu'il*, à l'occasion d'une cure qui avoit été faite avec cet antidote. On voit par ces expériences que la dent de *Cayman* l'emporte de beaucoup sur la licorne, & il y a lieu d'espérer que les Naturalistes y découvriront dans la suite d'autres vertus.

Il y a une infinité d'autres *Caymans*, qui ont la même forme & la même figure que ceux dont je viens de parler, mais ils ne sont point courageux ; j'en ai cependant vû qui devenoient furieux lorsqu'on les poussoit à bout. Ils ne vivent que de poisson, & leur chair est très bonne à manger ; si bien que lorsque les indiens ont de la *Babilla*, c'est le nom qu'ils lui donnent, ils ne se soucient plus des autres poissons.

CHAPITRE XLIV.

Manière dont les Indiens cultivent leurs terres, & les principaux fruits qu'ils en tirent.

Vie misérable de deux Nations qui ne veulent pas travailler.

IL est de foi que tous les enfans d'Adam sont obligés de manger leur pain à la sueur de leur front. Il n'y a que les deux Nations *Guajiva* & *Chiricoà*, dont j'ai déja parlé, qui par un effet de leur paresse naturelle, cherchent à se dispenser de cette tâche inévitable, en quoi elles montrent leur ignorance, parce que faute de vouloir cultiver la terre, elles se trouvent obligées de mener une vie errante, & de passer d'une Riviére à l'autre, pour se nourrir des fruits sauvages qui croissent dans les plaines; ajoutez à cela, qu'elles se trouvent par là exposées à l'ardeur du Soleil, à la pluye, & aux autres inclémences de l'air, qui sont des peines beaucoup plus insupportables que celles qu'entraine après soi le travail des champs, lequel, bien que fatiguant, laisse à l'homme le tems de se reposer outre qu'il est dédommagé de ses fatigues par l'abondance des denrées qu'il lui procure.

Il n'en est pas de même des autres Nations dont je parle dans cette Histoire ; bien loin de-là, celles qui connoissent les deux que j'ai nommées, detestent leur génie, leurs usages & leurs coûtumes, & disent qu'elles ont appris cette façon de vivre des singes & des autres animaux ; & quoique tous les Indiens en général soient naturellement paresseux, il y en a cependant qui sont plus adonnés à l'agriculture que d'autres, quoique tous, comme je l'ai dit, renvoyent à leurs femmes ce qu'il y a de plus pénible dans le travail des champs, & dans la conduite du ménage, sans qu'ils se mettent en peine de les mieux traiter.

Les autres Nations se moccquent d'elles.

Les Indiens cultivent aujourd'hui leurs terres avec moins de

La culture des forêts

168   HISTOIRE

leur cause un travail infini.

peine qu'autre fois, depuis qu'ils reçoivent chez eux les Missionnaires, & qu'ils se procurent par leur moyen les outils dont ils ont besoin, après s'etre rassemblés dans des colonies. Auparavant, & plusieurs sont encore dans ce cas, les uns vivoient cachés dans des forêts inaccessibles, & les autres dans des plaines spatieuses à portée des Riviéres. Je ne comprends pas encore comment les premiers pouvoient se procurer par leur travail les denrées dont ils avoient besoin pour subsister, étant obligés d'abord d'éclaircir le terrein, d'abattre les arbres, & de les brûler, pour découvrir les terres qu'ils vouloient ensemencer & tout cela sans aucun outil, ce qui m'a toûjours étonné & m'étonne encore, quoique je les aye vû travailler plusieurs fois. La première fois que j'arrivai chez les Indiens sauvages, je crus, vû leur grossièreté, qu'il me suffiroit, pour les engager à venir s'établir ailleurs; de leur représenter qu'ils manquoient d'instrumens d'instrumens pour sarcler & éclaircir le terrein, & abattre les arbres qui le couvroient ; mais la chose alla tout autrement que je n'avois cru, car tirant leurs haches de pierre à fusil à deux tranchans, & les enmanchant avec des bâtons d'une force proportionnée, ils me répondirent qu'avec leurs *Macannas* (ils appellent ainsi des épées faites avec du bois extrêmement dur) ils défrichoient leurs terres, & qu'avec ces haches, ils abattoient les arbres verds, pendant que leurs femmes s'occupoient à brûler ceux qui étoient secs. Je leur demandai combien de tems ils metroient à couper un de ces arbres ? Ils me répondirent qu'ils y employoient deux lunes, c'est-à-dire deux mois, ce que nous faisons en une heure avec une hâche ordinaire. C'est pour cela que j'ai dit que je ne concevois pas comment en travaillant aussi lentement, ils pouvoient se procurer suffisamment dequoi vivre, sur tout étant aussi grands mangeurs. Je leur deman-

Haches de pierre dont ils se servent pour abattre les arbres.

dai encore de quel outil ils se servoient pour fabriquer des hâches d'une pierre aussi dure? Ils me répondirent qu'ils tailloient ces pierres avec d'autres, & qu'ensuite à force de les aiguiser sur d'autres pierres plus tendres, qu'ils avoient soin de moüiller, ils leur donnoient la figure & les deux tranchants que je leur voyois. Je ne les ai jamais vû travailler, mais je crois qu'ils ne viennent à bout de cet ouvrage qu'à force de tems & de patience, ce qui est une occupation convenable à un Peuple oisif.

Manière dont ils fabriquent leurs haches de pierre.

Pour remuer la terre, & y former les sillons nécessaires ; après en avoir brûlé les mauvaises herbes, ils se servent de pèles faites d'un bois très dur, que les uns appellent *Aràco*, les autres *Macàna*, selon le genie de leur langue, avec lesquelles ils bèchent la terre, ce bois étant presque aussi dur que l'acier le mieux trempé. Ils les fabriquent à l'aide du feu, brûlant certaines parties, & en conservent

Comment ils suppléent aux hoyaux qui leur manquent.

d'autres, ce qui demande beaucoup d'industrie, & de tems.

Les Barbares qui vivoient autrefois dans les champs découverts, & ceux qui y vivent encore aujourd'hui, n'ayant ni bois, ni forêts à abatre, recueillent leurs fruits en moindre quantité à la verité, mais avec infiniment moins de travail ; parce qu'avec leurs pêles de *Macana*, dont j'ai parlé, ils jettent la terre dans les endroits humides de côté & d'autre du sillon, ayant soin de couvrir la paille & le foin qu'ils ont arraché, après quoi ils sement leur *Maiz*, leur *Yuca*, ou *Manioc* & plusieurs autres racines, mais sur tout une grande quantité de *Piment*, dont il y en a de plusieurs espéces, parmi lesquelles il s'en trouve d'extrêmement piquants, parce qu'ils l'aiment beaucoup, & qu'ils en assaisonnent tous leurs mets.

Les récoltes sont beaucoup plus abondantes dans les vallées & dans les bois que dans les campagnes

Fruits de differente espece.

Maiz ou Panis.

Yuca.

Piment.

rases, parce que le terrein y est plus humide, comme cela paroît par les arbres, les buissons & les broussailles qui y croissent, & dont les feüilles venant à tomber & à se pourrir, fument le terrein, & augmentent sa force. Ajoutez à cela que les cendres des broussailles qu'ils brûlent, jointes à la chaleur que le feu communique à la terre, la rendent extrêmement féconde, aussi les Catalans ont-ils soin de planter à la file dans leurs champs, des fagots faits de branches de pin, auxquels ils mettent le feu dans le tems convenable. Au contraire, les Indiens qui cultivent les plaines, manquant de fumier pour les fertiliser, font de très mauvaises récoltes au prix des autres; y ayant en cela la même difference qu'entre le bled qu'on seme dans des champs qu'on a soin de cultiver, de fumer & d'arroser, & celui qui vient dans un Païs sec, les premiers, comme celui de Murcie, de Valence & de Catalogne, a tant de force, qu'il croî

La récolte est plus abondante dans les bois que dans les campagnes rases.

au-delà de la hauteur d'un homme, au lieu que le dernier n'ayant d'autre benefice que celui du simple labour, ne donne pas la moitié tant de grains que l'autre.

J'ai observé une chose tout à fait singulière dans les terreins inondés qui sont aux environs de l'Orénoque, de Rivières *Meta, Apure, Casanare, Tame* & de quelques autres, & c'est qu'au lieu du jonc qui croît ordinairement dans les autres lacs, il y vient naturellement une grande quantité de ris sauvage, dont les Indiens ne connoissent pas le prix, mais dont les oiseaux sçavent profiter, y accourant de toutes parts pour en faire la récolte. C'est du véritable ris, & je dois d'autant mieux m'y connoître, que je suis d'un Païs où on en recüeille une très grande quantité. J'ai connu des gens qui ne pouvoient le croire; mais ils sont bien-tôt revenus de leur erreur, lorsqu'après avoir pressé les épis, je leur en ai fait voir les grains sur ma main. Ce grain est infi-

Abondance de Ris sauvage.

niment plus abondant dans les terreins qu'on cultive & qu'on arrose, pourvû qu'on ait soin de le sémer & de le transplanter dans la saison convenable ; & j'ai souvent vû des grains qui ont donné jusqu'à soixante épis, ce qui prouve la bonté du terrein, & que ce grain lui est propre, puis qu'il y vient de lui-même, & qu'il augmente à un point si considérable, lorsqu'on le cultive.

Maiz de deux Mois. Tous les Indiens *Otomacos* qui vivent près des lacs, profitent du tems où ils baissent, pour sémer le terrein que l'eau laisse à découvert, & ils font des récoltes extrêmement abondantes. Les *Otomacos*, les *Guamos*, les *Paòs* & les *Saruros* sément autour de ces lacs une espéce particulière de *Maiz* que je n'ai point vû ailleurs. Ils l'appellent *Onòna*, c'est-à-dire, *Maiz de deux mois*, parce qu'il est en état d'être cueilli au bout de ce tems-là, de sorte que dans le cours d'une année, ils en font six récoltes, cherchant pour cet effet un terrein convenable, le climat étant toûjours le même, ce qui est une chose tout-à-fait unique.

Ils ne perdent pas un pouce de terrein semant entre le *Maïz* des canes à sucre, differentes espéces de racines, & de calebasses, & sur tout une grande quantité de melons d'eau, dont ils font leurs délices. Ces sortes de melons sont tout-à-fait differens des nôtres, & il y en a une quantité prodigieuse à l'Amérique. Ceux dont je parle sont propres à ces Païs, & sont plus petits que les nôtres; ils ont l'écorce plus dure, leurs pepins sont ronds, de la figure & de la grosseur d'un grain de poivre, dont ils ont le piquant, mais leur chair a un goût exquis & une douceur pareille à celle du miel. Les Indiens appellent ces melons *Gibiria*.

Les Indiens qui vivoient dans les bois, & ceux qui y vivent encore, ne connoissent point le *Maïz* des deux mois dont j'ai parlé; cependant comme le tems est uniforme pendant toute l'année,

Melons d'eau fort rares.

Melons d'eau appellés Gybiria.

H iiij

Histoire

Ils sement & recueillent toute l'année du Maïz ou du Panis.

ils font differentes récoltes de *Maïz*, & chacun en seme autant qu'il en veut, aprés avoir preparé la terre, sans craindre que la récolte manque, pourvû qu'il ait soin d'éloigner les perroquets, les *Loros*, les *Periquitos*, les *Guacamayas* &

Dommage que causent les oiseaux.

une multitude d'autres oiseaux qui détruisent les semailles, pour peu qu'on les néglige. Ils ont encore plus besoin d'attention pour garantir le grain qu'ils sement dans les bois d'une quantité infinie de sin-

Les Singes.

ges qui se jettent dessus & l'emportent. On ne sçauroit croire le dommage que ces animaux leur causent, non plus que la malice avec laquelle ils se conduisent. S'ils s'apperçoivent du haut des arbres où ils sont qu'on fasse sentinelle, pas un ne s'avise de descendre dans les semailles. ils s'approchent & s'en retournent avec tant de silence, qu'à moins que de les voir il est impossible de les découvrir, d'autant plus qu'ils font ailleurs un tintamarre horrible, mais pas un ne souffle lorsqu'il est question de voler. Ils viennent reconnoître à différentes réprises si l'on garde le *Maïz*, & lorsqu'ils sont surs qu'il n'y a personne, il en reste un sur la cime de l'arbre pour découvrir s'il ne vient point d'Indien, tous les autres descendent, & chacun emporte cinq épis de *Maïz*, un dans la bouche, deux sous les bras, & un à chaque main, & se dressant sur leurs pieds, ils s'enfuyent comme un éclair, & courent se cacher dans le bois. Si dans le tems qu'ils dérobent ces épis, l'Indien sort de sa cabane, ou paroit dans le champ, le singe qui fait le guet sur l'arbre se met à crier, & tous les autres s'enfuyent avec ce qu'ils ont pû prendre; mais un grand nombre de ceux qui étoient deja chargés de leurs épis périt dans ces occasions, parce qu'ils sont si obstinés à ne point lâcher ce qu'ils ont pris, qu'ils se laissent tuer plûtôt que de s'en défaisir. Les Indiens les poursuivent à coups de bâtons, & pour lors ceux qui n'emportent qu'un ou deux épis, ayant

Sagacité & malice avec laquelle les Singes volent le Maïz.

les pieds & une main libre, grimpent sur les arbres, & se sauvent, au lieu que ceux qui sont bien chargés, ne pouvant s'enfuir qu'en sautant les deux pieds joints, périssent tous sous le bâton, les Indiens courant plus vîte qu'eux ; & comme ceux-ci en sont fort friands, ils se dédommagent par là du tort qu'ils leur font. Les singes sont en si grande quantité dans ces Païs, & ils font tant de mal, que s'ils sortoient de nuit comme les *Faras* & quelques autres animaux nocturnes, ils ne laisseroient pas un seul grain de *Maiz* à ceüillir à ces pauvres Indiens.

Opiniâtreté avec laquelle les Singes retiennent ce qu'ils ont pris.

Quand à l'opiniâtreté avec laquelle les singes retiennent ce qu'ils ont pris ; ayant raconté ce qu'on vient de lire des singes de l'*Orénoque* & des environs à quelques uns de nos Espagnols qui sont employés aux mines d'or de *Choco* & d'*Anserma*, ils me rapporterent, comme une chose commune & ordinaire, que dans quelques unes de ces mines, qui ont des bois dans leur voisinage, les Negres ne se nourrissent que de singes, & que pour les prendre ils ne font autre chose que mettre pendant la nuit à l'entrée du bois une de ces bouteilles de terre qu'on envoye remplies d'huile de Cadix à l'Amérique, après avoir mis dedans une poignée de *Maiz* rôti. Dès que le jour paroît, les singes apperçoivent ces bouteilles, & comme ils sont extrêmement curieux & gourmands, ils descendent pour voir ce qu'elles contiennent.

Piège fort simple pour les attraper.

Ils mettent leur bras dedans, & sentant le *Maiz*, ils s'en remplissent la main, au moyen dequoi ils ne peuvent plus la retirer, parce que le cou de la bouteille est fort étroit : il arrive la même chose à tous les autres ; tous s'efforcent de retirer leur main, mais par un ne peut en venir à bout, ni ne veut lacher le maiz, de sorte que se voyant pris, ils se mettent à jetter des cris horribles & font un tintamarre afreux. Ceux qui les épient, connoissant par là qu'ils ont donné dans le piège, en donnent avis aux Négres, qui accourent avec un batôn; les singes les voyant, crient encore davantage, sans lâcher pour cela le *Maiz* qu'ils tiennent, & comme la pesanteur de la bouteille ne leur permet ni de monter sur les arbres, ni de s'enfuir, les Négres les assomment à coups de batôn, & les emportent chez eux pour s'en nourrir.

Je n'ai point vû ce piège, mais j'ai pour garans de ce que j'avance les personnes que je viens de citer, & leur témoignage me paroit à l'abri de tout soupçon. Voyons maintenant la manière dont les Indiens civilisés cultivent leurs terres, les fruits & les denrées qu'ils recüeillent, le pain qu'ils mangent, & le vin ou la biére avec laquelle ils s'enivrent.

CHAPITRE XLV.

Continuation du Chapitre précédent.

APRE's avoir vû la manière dont les Indiens Gentils cultivoient leurs terres sans aucun instrument, ainsi que le pratiquent encore aujourd'hui ceux qui n'ont aucun commerce ni avec les Espagnols, ni avec les étrangers, ni avec les Indiens qui les frequentent, il est tems de voir comment ceux qu'on a civilisés & réduits en corps de Mission, cultivent les leurs, & combien ils sont satisfaits des outils qu'on leur procure, & avec lesquels ils font en une heure des ouvrages ausquels ils mettoient deux mois de tems. Après avoir défriché le terrain & abattu les arbres qui le couvrent, ils les ébranchent avec un coutelas, afin qu'ils se sechent plûtôt. Lorsque ces branches & les herbes qu'ils ont abattuës sont assez seches pour pouvoir brûler, ils choisissent un jour qu'il fait du vent, & y mettent le feu en differens endroits, choisissant le côté d'où le vent vient, & le feu se répand de façon, qu'en moins d'une heure de tems, il a réduit en cendres tout ce qui étoit renfermé dans une espace de deux cent pieds en quarré. Tout le champ reste couvert de cendres, parmi lesquelles on trouve une grande quantité de couleuvres brulées, sans compter que la chaleur du feu en fait fuir une infinité d'autres, au moyen dequoi le champ ainsi délivré de cette funeste engeance, se trouve en état d'être cultivé.

Voici la manière dont cela se fait dans les Colonies où il y a un Missionnaire. Le mois de janvier venu, on indique le jour où l'on doit sercler le champ du Cacique, & tous les Indiens s'y rendent avec la meilleure volonté du monde. La femme du Cacique prépare une quantité de viande suffisante pour les travailleurs; ils se rendent de grand matin au travail, & comme il y a beaucoup de gens qui mettent la main à l'œuvre, ils ont achevé au plus tard vers les deux heures du soir. Ils quittent leur besogne, & vont prendre leur repas. Le dîné fini, le Cacique nomme le Capitaine dont on doit sarcler le champ le jour suivant, & lorsque les champs des Indiens mariés, ont reçû leur façon, on travaille à ceux des veuves, & enfin à celui de l'Eglise, dont le produit sert à nourrir les enfans de l'Ecole, & les orphelines de la doctrine. Au moyen de cet établissement, tous ont dequoi vivre sans être obligés de dérober les grains d'autrui; & comme l'ouvrage se fait en commun, que chacun n'a pas beaucoup à faire, & que d'ailleurs on a soin de regaler les ouvriers, ils adoptent volontiers cet usage.

Cette tache finie & les herbes brûlées, les Indiens n'ont plus rien à faire, suivant leur détestable coûtume, les femmes étant chargées de tout le reste du travail.

Pourquoi les femmes sont plûtôt obligées de fémer que les hommes

Mes enfans, leur ai-je dit plusieurs fois, pourquoi n'aidez vous pas vos pauvres femmes à fémer, elles restent tout le jour exposées à l'ardeur du Soleil, travaillant avec leurs enfans pendus à la mammelle ? Ne voyez vous pas qu'elles courent risque de tomber malades avec vos enfans, que ne les aidez vous. Pere, m'ont-ils répondu, tu n'entends point ces choses, & voilà pourquoi elles te font de la peine. Tu sçauras que les femmes, sçavent enfanter, & que nous n'y entendons goute : Lorsqu'elles fément, la tige de *Maïz* donne deux ou trois épis, la racine de *Yuca*, deux ou trois corbeilles de racine, & tout multiplie à proportion. Pourquoi ? parce que les femmes sçavent enfanter, & sçavent faire enfanter le grain qu'elles fément : qu'elles fément donc, nous n'en sçavons pas tant qu'elles. Telle est l'ignorance de ces Barbares, &

la réponse qu'ils font aux remontrances qu'on leur fait. Heureusement qu'on leur fait entendre raison dans la suite, & qu'ils s'appliquent au travail ; au moyen dequoi les femmes ne sont plus si chargées, elles sortent de l'esclavage dans lequel leurs maris les tenoient, & partagent avec eux le travail qu'ils ont à faire.

Lorsque les Indiens sement le *Maïz*, la *Yuca* a déja poussé un jet d'un quart d'aune de long, ils sement entre deux rangs de *Yuca* un rang de maïz, & entre la *Yuca* & le *Maïz* des *Batatas*, des *Chacoos*; des *Calebasses* des *Melons* & plusieurs autres plantes semblables, dont les jets restant couchés sur la terre, n'empêchent ni le *Maïz*, ni la *Yuca* de croître ; au contraire, comme ils font beaucoup d'ombrage, ils empêchent qu'il ne croisse d'autres mauvaises herbes. Ils ne se servent ni de charruë, ni de bœufs, parce qu'ils n'en ont point, & même dans les endroits où il y en a, ils ne peuvent s'en ser-

Differentes especes de fruits.

Yuca.

Maïz ou Panis.

Batatas.

Chacos.

Calebasses.

Melons.

vir pour labourer leurs champs, parce qu'encore qu'ils ayent abattu les arbres, il reste encore dans la terre une quantité de racines tellement entrelacées, que la charruë ni la beche ne sçauroient se faire jour au travers. D'ailleurs le terrein est si couvert de feüilles & de vase pourrie, qu'on l'ouvre aisement pour y sémer ce qu'on veut.

Platanes Cette première récolte faite, ils ressement les mêmes fruits, mais avant d'en faire la récolte, ils y entremêlent des jets, qu'ils tirent des pieds des vieux *Platanes*, de sorte que lorsque le tems de la seconde récolte est venu, ces arbres sont déja touffus. Ces *Platanes* sont le fruit le plus durable & le plus utile de tous ceux que les Indiens sement. Il est aussi le plus agréable, parce que les *Platanes* étant une fois bien enracinés, ils joignent leurs feüilles les unes avec les autres, & forment comme autant de berceaux sous lesquels on promene à couvert.

Figure de cet arbre.

Le tronc du *Platanes* n'est pas solide, mais composé de plusieurs écorces posées les unes sur les autres, dont chacune est terminée par une feüille qui a plus d'une aune de long sur environ demi aune de large. Lorsque cet arbre a atteint deux fois la hauteur d'un homme, il pousse de sa racine en dedans du tronc un jet, qui étant parvenu au dessus des feüilles, laisse tomber deux écorces dont le raisin étoit couvert en montant, & les grapes de celui-ci sont couronnées d'une fleur blanche, dont l'odeur est extrêmement suave. Lorsque ce raisin trouve un bon terrein, il pese jusqu'à cinquante livres, & renferme pour l'ordinaire quatre vingt *Platanes*, qui étant rôtis tandis qu'ils sont verds, servent de pain, & lorsqu'on les fait boüillir dans le pot, de navets. On en met dans les ragouts lorsqu'ils sont jaunes & à moitié murs; ils ont l'aigre doux des pommes qui sont à moitié mûres, ils tiennent lieu de pain, & donnent un bon goût aux viandes étant murs, ils sont savoureux; mais fort pesans

Son raisin & sa fleur.

Sa grosseur & sa pésanteur.

Il sert de pain.

à l'eſtomac. Si on les fait rôtir, lorſqu'ils ont atteint leur maturité, il n'y a point dans l'Amérique de fruit ni plus ſain, ni plus nourriſſant, ni plus ſavoureux. On les fait ſecher au Soleil comme les figues d'Europe, mais ils ont un meilleur goût. Avant de les faire ſecher, les Indiens les pêtriſſent avec de l'eau chaude ; ils en expriment le ſuc dans des cuves, où il fermente comme le vin nouveau, & acquiert tant de force, qu'il enyvre, quelque peu qu'on en boive. Les *Platanes* étant murs, on les pend au deſſus d'un vaiſſeau, & ils rendent un ſuc qui s'aigrit & ſe convertit en un vinaigre très fort, & infiniment ſalutaire. Enfin lés *Platanes* ſont la principale nourriture des pauvres ; ils tiennent lieu de pain, de viande, de vin, de confiture, & généralement de tout aux Indiens, parce qu'ils raſſaſient tout le monde.

Mr. Salmon, dans ſon hiſtoire de l'Univers, qui vient de paroître en Angleterre, & qui a été

De viande & de confiture.

De Boiſſon.

On en tire du vinaigre extrêmement fort.

traduite en plusieurs langues, parlant dans son second volume des fruits de l'Isle de *Mindanao*, laquelle est contiguë aux Philippines, mais extrêmement éloignée du Païs dont je parle, donne une description du *Platane* si conforme à celle qu'on vient de lire, qu'il semble avoir passé une partie de sa vie dans les Missions de l'*Orénoque*. Admirons donc la liberalité du Créateur, qui par le moyen d'une seule plante, a sçu fournir des vivres à des Nations si éloignées mais si ressemblantes par leur pauvreté & par leur paresse. Mais quel besoin ont-elles de travailler, puisqu'elles trouvent dans le seul *Platane* la viande & la boisson nécessaires pour leur subsistance!

Le même Auteur nous apprend encore, qu'après que les habitans de *Mindanao* ont cüeilli les fruits du *Platane*, ils tirent de son écorce une espéce de chanvre, qu'ils filent, & dont ils font de la toile pour s'habiller, ce que ne font point les Peuples de l'*Orénoque*, soit parce qu'ils l'ignorent, ou parce qu'ils n'ont pas besoin d'habits dans un climat aussi brûlant.

Qui est-ce qui s'étonnera après cela que les *Guaraunos* trouvent dans le seul palmier appellé *Quiteve* ou *Murichi* tout ce dont ils ont besoin pour subsister; que les Indiens des *Maldives* trouvent la même ressource dans le Coco, & les Chinois dans le ris, lorsqu'on voit que les habitans de *Mindanao*, & les Peuples dont je parle, trouvent une Manne, & un nouvel arbre de vie dans le seul *Platane*.

Durée des Platanes. Une fois que le *Platane* a crû, & que ses feuilles se sont serrées les unes contre les autres, il devient un fond permanent qui donne continuellement du fruit durant plusieurs générations, & qui n'exige pas beaucoup de culture. Ce n'est pas que le tronc qui a une fois donné son raisin, en produise jamais d'autres, mais parce que pendant que le raisin de la maîtresse branche mûrit, le jet qu'il

DE L'ORENOQUE. 191

pouſſe du tronc porte un raiſin en fleur, & il s'élève des jets de tous les ſept, pour qu'aucun ne manque de raiſin mur, & de raiſin en fleur pendant tout le cours de l'année, ce qui eſt une choſe admirable. De là vient que les Miſſionnaires qui fondent une nouvelle Colonie, commencent par y faire planter une infinité de *Platanes*, pour fournir à la nourriture des Indiens qu'ils ont raſſemblés. Uſage utile pour les nouvelles fondations.

Le *Maiz* eſt auſſi très-abondant dans ce Païs, ainſi que je l'ai déja dit, mais les Indiens en mangent une ſi grande quantité pendant que les épis ſont encore tendres, qu'ils détruiſent eux-mêmes & diminuent conſiderablement leurs récoltes. Après l'avoir moulu à force de bras, les femmes en font des pains qu'elles enveloppent dans des feüilles de *Plane*, & qu'elles mettent dans des pots plein d'eau auprès du feu pour les cuire. Ils appellent ce pain *Cayzù*. Elles l'émiettent pour l'ordinaire tandis qu'il eſt frais, & le paîtriſſent une ſeconde Maiz ou panis.

Pain qu'ils en font.

fois avec de l'eau chaude, & réduisant en poudre quatre de ces vieux pains, qui font tous moifis, qu'ils appellent *Sibibizù*, elles mêlent cette poudre avec cette maffe liquide, laquelle étant mife dans des cuves, fermente le troifiéme jour comme du moût, & fe convertit en une biére, qui leur fert de boiffon ordinaire & qui eft fort faine lorfqu'on en ufe moderement.

Chicha, ou Biere de *Maiz*.

La *Chicha* ou biére qu'ils extrayent de la *Yuca*, ou racine de *Manive*, eft beaucoup plus faine. Ils arrachent cette racine, la feparent du bâton où elle tient, & enterrent dans le même endroit trois ou quatre morceaux du même bâton, & au bout de quatre jours, ils ont pouffé des nouveaux jets, ce qui donne une nouvelle racine de *Yuca* à la place de celle qu'on a arrachée. Il y a de la *Yuca* douce, & celle-ci eft rôtie; elle a le même goût que les chataignes rôties, & elle fupplée très-bien au defaut du pain. Il y a une feconde

yuca & la *Chicha* qu'on en tait. Manière dont on feme la *Yuca*.

Yuca douce.

seconde espéce de *Yuca* qu'ils appellent *Brava*, qu'on ne peut manger qu'après qu'elle est convertie en *Cassave*, ce que l'on fait de la manière suivante. On dépouille ces racines de leur première peau, & ensuite on les l'égrage sur une rape de cuivre de quinze à dix-huit pouces de longueur. Leur substance se trouvant réduite à une farine semblable à la grosse scieure, on la jette dans l'eau pour en ôter un suc âcre & fort qui est un vrai poison, car il fait mourir sur le champ l'homme ou l'animal qui en boit; mais il est fort sain & de fort bon goût, après qu'on l'a fait bouillir : Les Indiens s'en servent pour assaisonner leurs ragouts. Ils l'appellent *Quisàre*. On change souvent l'eau pour filtrer cette farine & en enlever ce suc malin, on la met en masse, & après qu'elle a resté vingt-quatre heures dans cet état, elle s'aigrit, & alors on la paîtrit en forme de fouasse ou de gâteau rond, comme ceux que font nos bergers dans leurs caban-

Yuca brava, mortelle.

Pain de *Yuca* appellé *Cassave*. Manière de le faire.

De la cuire.

nes, qu'on fait cuire sur une espéce de brique, qu'ils appellent *Budaré*. Tel est le pain qui sert de nourriture aux habitans des Païs chauds: il sert dans les maisons & dans les voyages: il est insipide lorsqu'il est nouvellement fait, & n'a presque point de substance, celle qu'avoit la *Yuca* s'en étant allée avec le suc qu'on en tire. Dans l'*Orénoque*, & dans d'autres Païs, sur tout dans l'*Ayrico*, on amoncele ces fouasses les unes sur les autres pendant qu'elles sont encore chaudes, on les couvre de feüilles de *Platane*, & aprés qu'elles ont fermenté, on les delaye dans de l'eau tiéde, & l'on met cette liqueur dans des cuves pour la faire fermenter, ce qui produit la bière, qu'ils appellent *Berria*, parce qu'elle est faite avec le *Berri* ou la *Cassave*, & c'est la meilleure *Chicha* dont ils fassent usage.

Chicha ou Biere qu'on en tire.

Les Indiens font encore de la *Chicha* avec la racine appellée *Cocenecà*, qui équivaut à la *Batata*, aussi bien qu'avec d'autres racines qu'ils ap-

Les Indiens font aussi de la Chicha avec des Batatas, des Na-

pellent *Rajaca*; en un mot ils en font de tous les grains qu'ils sement, de toutes les racines qu'ils cultivent, & de tous les fruits qu'ils recueillent; mais ils n'y en a point de plus rafraîchissante, & de plus agréable que celle qu'ils tirent de la décoction des *Pignes*. La *Pigna* (a) ne naît point d'un arbre, mais d'une racine qui ressemble beaucoup à celle de la *Pite*, excepté que ses feüilles sont moins grandes, & qu'au lieu du jet que pousse la *Pite*, cette racine est terminée par une *Pigna* qui ressemble parfaitement à une pomme de Pin. Elle n'a point de pignons dedans, mais elle renferme une chair d'un goût fort agréable. Le jet principal, lorsque le terrein est bon, pese jusqu'à cinq livres, & même plus. Il s'éleve de son pied, aussi bien que de celui de la plante quantité d'autres rejettons, dont chacun est terminé par une *Pigna* beaucoup plus petite, qu'ils appellent *Caper-*

nies, des Pignas, &c.

Figure de ces dernieres.

(a) On la nomme plus ordinairement *Ananas*.

Manière dont on les sème.

ri, mais qui est plus savoureuse que celle du maître jet. La *Pigna* a cela de singulier qu'elle n'a point de tige, & qu'elle pousse de l'endroit où est sa couronne un rejetton qui continuë de croître, & lors qu'on connoit à son odeur qu'elle est mûre, on la coupe. La fleur qui sert de couronne à la *Pigna* devient une nouvelle plante étant semée, & outre la plante que le rejetton de la *Pigna* peut produire, les racines continuent à en pousser de nouvelles, ce qui acheve de multiplier l'espèce de ce fruit salutaire.

Nations qui font de la Chicha sans aucun grain.

On croiroit, vû la vie ambulante que menent les Nations *Guajiva* & *Chiricoà*, qu'elles ne peuvent se procurer de la *Chicha*, d'autant plus qu'elles ne sément point. Cela devroit être ainsi, mais elles ont fait en sorte de ne point céder aux autres Indiens à cet égard. Pour cet effet, pendant que les uns s'occupent à la pêche, & que les autres vont à la chasse, quelques autres s'amusent à abattre des Palmiers, & à creuser leurs troncs, ainsi que j'ai dit que le pratiquoient les Indiens *Guaraunos.* Ils font la même chose, lorsqu'ils arrivent sur une autre Riviére, & continuent ainsi leur route, jusqu'à ce que la liqueur des premiers Palmiers ait eu le tems de fermenter : Ils reviennent alors sur leurs pas, ils visitent tous ces Palmiers, & trouvent leurs troncs remplis d'une liqueur limpide & aigrelette, si forte, que pour peu qu'ils en boivent, ils perdent le jugement, dansent, chantent, & font mille extravagances semblables.

Elles la font sans beaucoup de peine.

Il est bon de sçavoir que parmi cette multitude de Palmiers qui croissent aux Indes, il y en a un appellé *Corozo*, qui fait horreur à la première vûë, parce qu'il est revêtu depuis la racine jusqu'au dernier bourgeon d'épines si grosses & si pointuës, qu'on ne sçait où le toucher, comme s'il vouloit défendre avec ces armes le trésor qu'il renferme dans son tronc. Il naît dans les lieux secs & dans les terres sablonneuses. Il en coûte

Palmier Corozo.

bien du travail & bien de bleſſures pour abattre un ſeul de ces palmiers, & un plus grand nombre encore pour percer ſon tronc à l'endroit du bourgeon, pour en tirer la liqueur qu'il contient. Cette liqueur conſerve ſa douceur pendant vingt-quatre heures, & devient aigrelette au bout de vingt-quatre autres ; elle eſt fort ſalutaire, & d'autant plus prétieuſe, qu'elle guérit la fiévre de conſomption lorſqu'on en boit un verre tous les matins à jeun pendant quinze jours conſécutifs : il faut uſer de celle qui tire ſur l'aigrelet. J'en ai fait moi-même l'expérience ſans autre deſſein que de rafraîchir ceux qui étoient atteints de cette fiévre, parce que je lui connoiſſois cette proprieté ; mais lors que j'ai été témoin de ſa vertu, je n'ai pû m'empêcher de loüer la Providence, qui fait naître dans les lieux les plus déſerts des remédes auſſi prétieux pour le bien de ſes créatures. Il eſt tems que nous nous rendions dans les champs des In-

Vin qui en découle.

Il guérit la fiévre hectique.

DE L'ORENOQUE. 199
diens pour en examiner les arbres fruitiers, & pour y obferver un grand nombre de racines & d'herbes médicinales, qui toutes nous invitent à loüer la fageffe & la Providence de l'Etre qui les a créées.

CHAPITRE XLVI.

Arbres fruitiers que cultivent les Indiens ; herbes & racines médicinales que leurs champs produifent.

Nous avons vû dans le premier volume de cette hiftoire la multitude de fruits fauvages & falutaires qui naiffent dans les bois & dans les environs de l'Orénoque, de l'Apure, du Meta, & de quelques autres Riviéres ; fi bien que les Miffionnaires qui s'enfoncent dans ces déferts pour aller chercher des ames, ne craignent point de manquer de nourriture ni pour eux, ni pour les

Moyen de connoître fi les fruits fauvages font fains ou non.

I iiij

Indiens qui les accompagnent. Pour ne point se tromper dans le choix qu'on en fait, on observe les fruits que mangent les singes, & l'on peut manger hardiment de tous ceux qui leur servent de nourriture. Supposé qu'il n'y ait point de ces animaux sur les arbres, il suffit d'observer si les fourmis mordent leurs fruits, & si elles le font, c'est une marque qu'ils sont bons, & qu'on peut en user sans craindre aucun accident fâcheux.

Les *Platanes* & les *Pignas* ne sont pas les seuls fruits estimables que sement les Indiens, ils cultivent aussi les *Papayes*, dont ils sont si friands, qu'ils en sement une quantité prodigieuse, & quand même ils ne le feroient pas, il suffit qu'on en mange une, & qu'on jette ses grains à terre, pour qu'il en naisse une infinité d'autres. L'arbre qui les produit est creux & peu solide, mais il se durcit avec le tems, & devient extrêmement grand. Ses fleurs naissent par bouquets dans toute l'étenduë de

Papayes.

Leur figure.

son tronc & de ses branches, & rien n'est plus merveilleux que la quantité de fruit qu'il porte. La *Papaye*, quand elle est bien cultivée, & qu'elle croit dans un bon terrein, ressemble beaucoup à nos melons, ayant son écorce divisée par côtes, sinon qu'elle est plus lisse, moins épaisse & plus verdâtre. Sa chair ne le cede point à celle du melon ni par le gout, ni par l'odeur, & est infiniment plus saine.

On trouve chez les Nations *Achagua*, *Saliva* & quelques autres de l'*Ayrico*, aussi bien que sur les côtes de *Coro* & de *Maracayo*, une espéce de Palmier aussi remarquable par sa figure que par son utilité. Les indiens l'appellent *Jijirri*, & les Européens qui font un grand usage de son fruit, *Cachipaes*. Ce Palmier s'éleve fort haut, mais son tronc est d'une grosseur médiocre, droit & couvert d'une écorce lisse. Chaque palme jette deux ou trois raisins de dattes, qui ont la figure & la couleur de nos

[marginalia: Palmier Cachipac, ou Jijirri. Sa figure. Son fruit.]

pommes de Capendu ; Chacun de ces raisins, lorsque le terrein est bon, contient cent dattes, mais à peine en trouve t'on huit dont le noyau soit bon à semer. Ces noyaux sont de la grosseur d'une noix, & durs comme les *Cocos*, leur amande approche beaucoup de celle de ces derniers, & ils viennent presque tous lorsqu'on les séme.

Sa figure & sa saveur.

On ne peut manger le fruit de ce Palmier, même dans sa maturité, à moins qu'on ne l'ait fait cuire, étant aussi âpre & aussi insipide que le coin à demi mûr ; mais il s'adoucit au feu, & a le même goût que la pomme de Capendu bouillie. Le *Jijirri* est si substantiel, que les personnes qui ont le meilleur estomac ne peuvent qu'en manger six tout au plus, & ce nombre suffit pour les rassasier pour toute la journée.

Son usage.

Les femmes blanches de la côte dont je viens de parler font bouillir les *Cachipaes*, les réduisent en farine & en font du pain ; mais il est plus nourrissant qu'il ne faudroit, & il faut en manger peu, pour ne point se surcharger l'estomac.

Ce fruit si utile & si nourrissant est le même, je pense, que celui dont les Journalistes font de si grands éloges, & qu'ils prétendent ne se trouver que dans les Isles Marianes, & dans quelques unes des Philippines; (a) mais on voit par ce qui précéde, que la providence l'a donné aux Américains pour leur servir de nourriture dans l'impossibilité où ils sont de s'en procurer d'autres.

On trouve dans les Isles Orientales de *Ternate*, appellées communement *Molucques*, un autre arbre, que les naturels du Païs appellent *Sagos*, dont le fruit tient lieu de pain à ces insulaires, comme l'assure Mr. Salmon, & il y a toute apparence que cet arbre, de même que ceux dont j'ai parlé, ne sont autre chose

(a) Salmon. tom. 2. part. 2. Cap. 2.

que des *Cachipaes* ou des *Jijirri*.

Ces mêmes Nations cultivent une autre espéce de petit palmier, qui l'emporte sur tous les autres par la beauté & la saveur de ses dattes. On l'appelle *Camuirri*; ses feüilles naissent de treize en treize, & forment un maillet couvert de bourgeons, dont la beauté & la proportion étonnent. Les dattes naissent par grappes du pied de ces feüilles, elles ont la figure, la couleur & le goût du raisin, & je ne doute point qu'elles n'aillent de pair avec les meilleurs fruits que l'on connoit.

Palmier Camuirri.

Ses Dattes extraordinaires.

Je ne dois pas oublier le Palmier appellé *Vesirri*, qui ressemble beaucoup par sa figure & par son fruit à celui qui croit dans le terroir d'Alicant, avec cette circonstance, qu'indépendemment de la nourriture que les indiens de *Meta*, de *Moco*, de *Bichada* trouvent dans son fruit, ils en tirent encore, en le faisant boüillir, une grande quantité d'huile limpide de trés-bon goût, dont ils se ser-

Palmier Vesirri.

Sa figure.

Huile qu'on tire de ses Dattes.

vent pour s'oindre & pour manger.

On trouve encore dans ces cantons un fruit appellé *Cunàma* & *Abay*, dont les indiens, tirent une huile, qui ne diffère en rien de celle d'olive par la couleur & par le goût. Ils s'en oignent le corps, & les Espagnols en usent pour s'éclairer & pour assaisonner leurs alimens.

Abay ou *Cunàma*

Son huile.

Je pourrois parler de plusieurs autres arbres fruitiers qui croissent dans le Païs, mais je me borne à celui qu'on appelle *Anato* ou *Achote*, dont ces Nations font le plus de cas, parce qu'elles s'en habillent à leur maniére. Cet arbre est fort touffu; il pousse d'abord de chaque bourgeon un beau bouquet de fleurs moitié blanches & moitié rouges, auxquelles succedent des grappes de fruit rouge, dont l'écorce est rude & armée de piquans comme celle des marrons. Cette écorce renferme une multitude infinie de grains rouges pareils à ceux des grenades sauva-

Arbre appellé *Anoto* ou *Achote*.

Ses fleurs.

Son fruit.

ges, lesquels étant mis en infusion & exprimés avec les mains, donnent une teinture foncée qui dépose son sediment dans l'espace de vingt-quatre heures, de maniére que l'eau demeure aussi claire qu'auparavant. Les Indiens versent cette eau par inclination, & exposent l'*Achote* qui reste au fond du vaisseau au Soleil, & lorsqu'il est à moitié sec, ils en forment des pelotes qu'ils delayent avec de l'huile, pour s'en oindre tous les jours, ainsi que je l'ai deja dit.

Couleur qu'on en tire.

On a vû ci devant que cet oing est un des moyens dont les Indiens se servent pour se garantir de l'ardeur du Soleil dans les Païs qui sont sous la ligne, & voici à quelle occasion j'ai découvert sa vertu contre les brûlures. Un de mes domestiques s'étant brûlé dangereusement, je delayai de l'*Achote* dans de l'huile d'olive, & en fis un onguent que j'appliquai sur la partie malade. La douleur s'appaisa sur le champ, ce qui me surprit beaucoup ; mais ayant eu di-

L'Achote broyé avec de l'huile, est un remède efficace pour les brûlures.

verses occasions d'employer ce même reméde pendant le long séjour que j'ai fait dans le Païs, il a toûjours produit le même effet, & plusieurs de nos Missionnaires, à qui j'en avois fait part, s'en sont servis avec le même succès.

Le *Tutumo* est un arbre que les Indiens cultivent, & qui croît aussi de lui même dans les champs. Son fruit n'est point bon à manger, mais il ne laisse pas de leur être fort utile, leur fournissant des plats, des écuelles, des tasses, & des cruches. Ce fruit ressemble beaucoup au melon d'inde appellé *Angurie*, & son écorce est si forte, qu'il faut plusieurs coups pour la casser. Sa chair, prise à la quantité de trois onces, est un reméde souverain pour prevenir les abscès qui se forment dans le corps à l'occasion d'une chûte, ou de quelque coup que ce puisse être ; mais il faut pour cet effet que le fruit ne soit pas trop avancé.

Tutumo. Sa figure & son utilité.

Sa chair est un reméde excellét pour prevenir les abcès qui se forment à la suite d'un coup ou d'une chûte.

Détournons un moment la vûë des plantes & des arbres que ce

Païs produit, pour examiner les differentes herbes qui couvrent les champs; nous n'en trouverons aucune qui ne soit estimable. La plus commune, & qui se presente la première sous nos pieds est celle qu'on appelle la *Pudique* la *Vergouzosa*. On ne sache pas qu'elle possede aucune vertu, mais quelle vertu peut être comparable à la leçon qu'elle donne aux femmes & sur tout aux filles, touchant la manière dont elles doivent se comporter, ce qui lui a fait donner le nom de *Pucelle*. La description que j'en vais faire merite l'attention des Physiciens. La *Pudique* est une plante qui pousse des rameaux dès sa racine, qui s'élève quelque peu au dessus de la terre. Sa tige, en s'élevant, pousse des rameaux de toutes parts jusqu'à la hauteur d'une aune ; ils sont en si grand nombre, que cela joint à la quantité de feüilles qui en sortent deux à deux, dérobe le pied & les tiges de la plante aux regards les plus curieux. Sa fi-

Marginalia: Plante appellée la pudique, ou la pucelle. — Description de cette plante.

gure est demi sphérique, ses feüilles sont d'un verd clair, & le tout ensemble forme un objet qui fixe la vûë & l'attention des passans. Les feüilles sont vertes par-dessus, & d'un blanc tirant sur le gris par dessous, telle est l'extérieur de la *Pudique*, & voici ce qu'elle a de plus admirable. On n'a qu'à toucher une de ses feüilles, ou une partie de son tronc avec le bout d'un bâton, elle se flétrit dans un clin d'œil, & elle perd tout on éclat; ses feuilles se retirent à l'instant, elles se pressent les unes contre les autres, & ne se montrent plus que par le revers, comme si elle vouloit témoigner la peine qu'on lui fait. Elle n'en reste pas là, & dans le même instant qu'on la touche, & qu'elle ferme ses feüilles, elle retire son influence de toute cette multitude de tiges qui l'embelissoient, & celles-ci n'ayant plus de vigueur, restent panchées vers la terre, de sorte que la plante n'est plus connoissable. J'ai toûjours regardé cet effet comme un prodige de la nature, & je ne me suis jamais lassé de la toucher, pour être témoin d'un changement aussi subit.

Il est vrai qu'au bout d'une heure elle revient à elle-même, ses tiges reprennent leur premiere situation, & elle se montre dans toute sa beauté. Le Pere Rodriquez fait mention de cette plante dans son Histoire du *Marannon*: elle est commune à Mompox & dans plusieurs endroits de la grande Riviére *de la Magdeleine*, & il n'y a presque point d'endroit dans l'Amérique méridionale où on ne la trouve, pourvû que la chaleur y regne. On lui donne differens noms rélatifs à ses proprietés. Les uns, comme j'ai dit, l'appellent la *Pucelle*, les autres *Regarde moi & ne me touche point*, enfin on lui donne d'autres noms, qui tous indiquent sa modestie & sa pudeur.

Les habitans des Philippines appellent cette plante la *Plante Vierge*, à cause de sa modestie

& de sa timidité; & Mr. Salmon, que j'ai déja cité, ajoûte (*a*) qu'on trouve parmi les écüeils dont ces Isles sont environnées, une autre plante aussi merveilleuse, qui dès qu'on la touche, panche ses branches & les cache dans l'eau, comme si elle avoit honte, non seulement d'être touchée mais encore d'être vûë; belle leçon pour les jeunes beautés, qui ne cherchent qu'à se faire voir & à se faire admirer: elles s'approchent du feu pour y chercher un danger que la plante des Philippines ne croit pouvoir éviter, qu'en se cachant dans l'eau.

La cause de ce changement subit qu'on remarque dans la *Vergogneuse* consiste selon moi dans les éfluves qui s'insinuent dans la plante lorsqu'on la touche, lesquels changent le cours naturel des sucs que la racine envoye jusqu'à l'extrémité des branches, & font retrograder les fluides qui contribuent à sa verdure; la retraite subite

_____
(*a*) Tom. 2. Cap. 9.

de ces sucs vers la racine, produit le desséchement des bourgeons & le mouvement par lequelles les feüilles se ferment, effet qu'occasionne le défaut de nourriture nécessaire, & qu'on remarque dans ceux que le défaut d'alimens fait tomber en pamoison.

Enfin il n'est pas besoin d'aller au Perou ni aux Philippines pour y voir & y admirer une autre plante encore plus modeste & plus scrupuleuse que la *Pudique* de la terre ferme & la Vierge des Philippines. Entrons avec le Pere Regnault dans les jardins du Roi de France, & jettons les yeux sur la *Sensitive*, mais que personne n'avance la main pour la toucher; car à peine approche-t'on la main qu'elle se retire, ses feüilles se fannent, elles se rapprochent, la plante se resserre, craignant les éfluves qui sortent de la main des curieux, avant même qu'on la touche. On ne sçauroit pousser la délicatesse plus loin, aussi n'est-ce pas sans raison qu'on lui a donné

DE L'ORÉNOQUE. 213
le nom de *Senſitive*; & il faut l'avoir perduë entierement pour fermer les yeux aux exemples de modeſtie que le Créateur nous donne dans les êtres inſenſibles. Retournons à l'*Orénoque*.

On trouve parmi le foin dont ce Païs eſt couvert une plante compoſée de dix à douze feüilles, à laquelle les Miſſionnaires ont donné le nom d'*Eſpadilla* ou d'*Eſpadin*, à cauſe que ſes feüilles ont la figure d'une petite épée, quoiqu'elles n'excedent pas la longueur qu'il y a du bout du pouce à l'extrêmité de l'index. Les Indiens l'appellent *Iſſoca*, qui veut dire *Amertume*, parce que ces feüilles ſont d'une amertume extrême; mais elles ont une efficacité merveilleuſe contre la pleuréſie, tant vraye que fauſſe. Six ou huit de ces feüilles à demi pilées & boüillies dans une quantité d'eau ſuffiſante, donnent une teinture extrêmement amere, qu'on fait boire au malade, lui appliquant en même tems les feüilles ſur l'endroit où la douleur

Eſpadilla ou *Eſpadin*.

Les Indiens l'appellent *Iſſocà*.

se fait sentir. Ce remède réïteré deux ou trois fois dans les cas où la douleur est violente, il la fait cesser, & c'est dequoi on fait tous les jours l'experience dans quelqu'une de nos Missions, où il n'y a pas d'autres Infirmiers que les Missionnaires.

<small>Cette plante est un remède efficace pour les points de côté.</small>

Un fameux Médecin de *Santa-Fé de Bogota*, voulant s'assurer de la vertu de ce remède, me pria de lui envoyer de ces feüilles. Je le satisfis, & comme elles s'étoient sechées pendant le trajet, il en doubla la dose, & après les avoir fait suffisamment infuser, il se servit de cette teinture, qui malgré la froideur du païs, produisit le même effet que dans nos Missions, qui sont dans un climat fort chaud.

<small>Caña Agria ou Titicana.</small>

Les bords de toutes ces Rivières sont couverts d'un roseau que les Indiens appellent *Titicana*, & qui ressemble assés à la canne à sucre, avec cette difference, que son suc est presque aussi aigre que celui du limon, ce qui lui a fait donner le nom de *Caña agria* par les Missionnaires. Ceux-ci s'étant apperçûs que les Indiens Gentils, à qui l'ardeur du soleil avoit causé la fiévre, se sentoient soulagés après avoir mâché ce roseau, en donnerent le suc à ceux qui avoient la fiévre, après l'avoir fait cuire avec une quantité convenable de sucre, ils s'apperçûrent qu'il provoquoit la sueur, & que la fiévre diminuoit considerablement, & qu'elle cessoit tout-à-fait à la seconde dose ; de sorte que du depuis on ne se sert presque pas d'autre remède dans nos Missions.

La *Verveine*, dont les effets sont si admirables, croît dans ces païs parmi les ronces & les épines. Chaque feüille est accompagnée d'une petite fleur, dont la couleur tient le milieu entre le noir & le blanc, & qui est un spécifique admirable contre les fiévres, tierces & quartes. La décoction de ces fleurs est extrêmement amere, & produit infailliblement un de ces deux effets, ou elle fait suer, ou elle procure un vomissement, mais l'un & l'autre

Verveine

Bonne pour differentes sortes de fiévres.

sont salutaires, & le malade guérit au bout de quelques jours en réïterant ce remède.

Herbe de sainte Marie contre le Cancer.

Il y a dans le païs un grand nombre d'herbes propres à faire supurer les playes que la chaleur fait ordinairement dégénerer en Cancer. On en compose un emplâtre, qui à la seconde ou à la troisiéme fois, nettoye parfaitement la playe, & la met à l'abri de la corruption. La plus usuelle est celle de Sainte Marie, dont la feüille ressemble à celle de nôtre mente, excepté qu'elle est plus large, & que la fleur en est rouge. Cette plante est fort amère.

Espino, qui naît dans les lieux humides, a ses feüilles faites comme une lancette, & il sort une épine du pied de chacune. Cette plante a la même vertu que la précédente. Le *Mastranto* ressemble à l'herbe de Sainte Marie, & a la même vertu ; ses feüilles sont veluës, & n'ont aucune amertume.

Le charbon du Boro.

Le charbon du *Boro* est encore plus efficace pour cet effet. Cette plante

plante croît sur les bords des Lacs & des Rivières, ses feüilles ressemblent à celles du chou, mais elles sont plus grandes, & son tronc est aussi plus gros. Ce tronc étant réduit en charbon & pulverisé, déterge les playes les plus envenimées, & fait revivre les chairs à la seconde fois qu'on y en met. J'ai éprouvé moi-même la vertu des remèdes dont je viens de parler. Comme il n'y a pas beaucoup d'Espagnols dans ce païs, & qu'on n'y trouve par consequent ni Médecins ni Apoticaires, l'Auteur de la nature y a fait naître, outre les herbes, les écorces, les racines, les fruits, les huiles & les racines médicinales, dont j'ai parlé dans le cours de cette Histoire, une grande quantité de purgatifs proportionnés à ces climats, qui produiroient, je pense leur effet dans d'autres.

encore plus efficace.

Purgatifs.

Les *Pignons*, qui naissent de trois en trois dans une espece de fruit tout à fait semblable aux figues vertes, sur des arbres qui ont à peu près la même feüille que nos figuiers,

Pignon fort approchás des nôtres.

Tome III. K

ont une telle efficacité, qu'il suffit d'en manger cinq à six pour se purger. Leur opération est proportionnée à la quantité qu'on en mange ; & alors il y a cela de remarquable, que si on les a pris dans du vin, il suffit pour arrêter leur effet de boire de l'eau fraîche, & que si on les a pris dans de l'eau, la purgation cesse en beuvant du vin. Si les malades les mangent en substance, (ils sont fort savoureux, & approchans de nos pignons d'Espagne) ils cessent d'operer en beuvant de l'eau ou du vin.

Manière extraordinaire dont ils operent.

La racine *Guajiva* croît dans tous les ruisseaux & dans toutes les Rivières dans le voisinage desquelles il y a des plaines & des arbres. C'est une espece de *Patate* qui a les mêmes vertus que celle de *Mechoacan*; mais elle a cela de particulier, que quatre ou cinq de ses feüilles boüillies dans de l'eau claire, purgent aussi efficacement que sa racine.

Feüilles purgatives.

Ce que je dis de ses feüilles ne paroîtra point étrange au Lecteur, lorsqu'il sçaura que les habitans de la *Havane* ont trouvé dans les feüilles d'un sarment qu'ils apellent *Fraylecillo*, un des purgatifs le plus rare qu'on puisse imaginer. Ils en font une salade fort agréable au goût ; mais ils peuvent compter qu'autant de feüilles qu'ils mangent, autant de fois ils vont à la selle. Il faut une attention toute particulière pour arracher ces feüilles , & ceci mérite de nouveau l'attention des Physiciens. Si l'on arrache les feüilles de haut en bas, chaque feüille procure une évacuation, si on les arrache de bas en haut, autant de feüilles qu'on mange, autant de vomissemens qu'on essuye ; & si on les arrache les unes en montant , & les autres en descendant , on va également par haut & par bas. Ce que je dis ici est connu de tous les habitans de la *Havane.* Qui est-ce qui pourra comprendre les secrets de la Nature !

CHAPITRE XLVII.

Métairies des Indiens. Differentes espéces d'animaux & d'oiseaux qu'ils prennent dans les Champs. Dommage que les fourmis leur causent.

Nous voici enfin arrivés dans les champs & parmi les moissons des Indiens : suivons-les quelque tems, ils sortent armés de leurs arcs & de leur carquois pour aller tuer les oiseaux & les animaux dont ils ont besoin pour la nourriture de leurs familles. Quelques-uns sortent avec l'attirail des pêcheurs, un roseau à la main, au bout duquel pend un lacet, une corbeille sur le dos, précedés d'un chien courant. La pêche n'est pas ce qui les occupe : ils vont enlacer des cailles, & j'ose assurer qu'ils en prendront assés pour remplir leurs corbeilles. Ces petits chiens bâtent les champs, & font lever les cailles, dont le vol est fort lent & fort court; le chien les suit en aboyant, ce qui les épouvante si fort, qu'elles n'osent plus remiser à terre, elles vont se percher sur le premier buisson, ou le premier arbrisseau qui se presente. Le chien continuë cependant de japer, & les cailles, fixent la vûë sur lui avec tant d'attention, que n'apercevant pas le chasseur, elles se laissent enlacer une à une jusqu'à la derniere, sans que le chien discontinuë d'aboyer.

Manière dont les Indiens prennét les cailles.

Cette espece de chasse singulière est non seulement en usage dans les plaines de *Casanare*, de *Chire* & de *Tocaria*, mais encore dans celles de *Neyva* & de *Vaguè*, sur la Rivière de *Tercero*, entre *Buenos Ayres* & *Cordouë* du *Tucuman*, & dans plusieurs autres cantons, où l'on prend les cailles au lacet sans se servir de chien.

Herrera (*a*) parle d'une espece de chasse approchante. Il dit que

(*a*) Decàde 1. liv. 9. Chap. 4.

K iij

Manière dont ils prennēt les Perroquets.

certains Indiens voulant prendre des Perroquets, en attachent un privé au haut d'un Palmier, le serrant aſſés fort pour le faire crier. Le chaſſeur ſe cache ſur l'arbre & ſe couvre la tête de feüilles, pour n'être point apperçû. Les Perroquets qui ſont aux environs, accourent en foule pour ſécourir celui qui crie, & s'empreſſent tellement autour de lui, qu'ils ne s'aperçoivent pas de l'Indien, qui en enlace autant qu'il veut ; il détache le Pipeau, & tous les Perroquets qui ont échapé au lacet s'envolent.

Ils prennent les Gelinotes au lacet.

Les Indiens ont chez eux une grande quantité de poules ſauvages, auxquelles ils donnent le nom de *Pollas*, parce qu'elles ſont de la même groſſeur que les poules ordinaires, quoi qu'infiniment plus ſavoureuſes. Ils leur tendent des lacs auprès des marais, où elles vont boire, & elles ne les ont pas plûtôt bequetés, qu'elles reſtent priſes. De plus, ils imitent ſi parfaitement leur chant, qu'elles accourent de toutes parts dans l'endroit où ils les attendent; ils les tuent à coups de flèches, & quoi qu'elles s'enfuyent lorsqu'elles en voient tomber une, elles reviennent auſſi-tôt dès qu'on les appelle.

Enfin, il y a dans ce païs une ſi grande quantité de *Perroquets*, de *Loros*, de *Guacamayas*, d'*Oyes*, de *Cigognes*, de *Herons* & d'autres oiſeaux de toute eſpece, qu'on ne peut s'empêcher de loüer le Créateur, tant à cauſe de leur multitude, qu'à cauſe de la beauté de leur plumage. La plûpart ont une figure ſi particulière, que je ne me rappelle point d'avoir vû dans ces cantons d'oiſeau ſemblable aux nôtres, ſi ce n'eſt l'hirondelle, encore celles de l'Amérique ſont elles plus petites; elles ont la queuë faite comme des ciſeaux, qu'elles ouvrent lorſqu'elles volent, & & qu'elles ferment lorſqu'elles ſe répoſent.

Oiſeux de diverſes eſpeces.

Les *Armadilles* ou *Cachicàmos*, & les autres animaux terreſtres, ſont ſi abondans aux Indes, qu'il y

Armadille ou Cachicamo.

a peu d'indiens qui s'adonnent à la chasse des oiseaux. Les Espagnols appellent *Armadillo* l'animal connu des Indiens sous les noms de *Cachicamo*, d'*Atucò*, de *Che*, de *Chucha* &c. Il est de la grosseur d'un *Cochon* d'un mois, & il est couvert depuis les pieds jusqu'à la tête, d'une écaille dure & forte qui lui fournit une armure pareille à celle dont on se servoit autrefois à la guerre, laquelle se conformant à toutes les irrégularités de la structure du corps, le met à couvert des insultes des autres animaux, & n'empêche point son allure. Outre cette écaille, il en a une autre faite comme une mantille, laquelle est unie à la première par une jointure. Il s'en sert pour garantir sa tête, moyennant quoi toutes les parties de son corps sont en sûreté. Cette armûre lui est d'autant plus nécessaire, qu'il n'a ni armes ni défenses, il ne trouve sa sûreté que dans les trous qu'il creuse dans la terre à la façon des lapins, & il en sort pour manger du chiendent

& du foin. La femelle met bas quatre petits tous les mois, ce qui fait qu'il y en a une quantité prodigieuse. La chair de l'*Armadille* a le même goût que celle du Cochon de lait le plus délicat. Ceux qui chassent avec des chiens les prennent aisément, ces animaux les saisissant avant qu'ils ayent le tems de se fourrer dans leurs trous ; mais lorsqu'ils y sont une fois, il est extrêmement dangereux d'y mettre la main pour les en tirer, à cause des couleuvres qui s'y retirent pour éviter la chaleur. Cela cause plusieurs malheurs aux Nations ambulantes des *Guajivas* & des *Chiricòas*, dont j'ai parlé, qui n'ont presque d'autre nourriture que les *Armadilles*, & il n'y a point de Capitaineries chez elles où il n'y ait quarante à cinquante manchots ou boiteux, parce que ces Peuples sont si Barbares, que s'ils viennent à être mordus à la main d'une couleuvre, en voulant prendre un *Armadille*, on la lui coupe sur le champ, & dans les

Moyen Barbare pour se garantir du vénin des couleuvres.

cas où ils se trouvent seuls, ils se la coupent eux-mêmes d'un coup de coutelas, parce qu'ils ne connoissent point d'autre remède.

On a éprouvé que la dernière articulation de la queuë de l'*Armadille*, est un remède efficace pour les maux d'oreilles, & il suffit de la mettre dedans pour faire cesser la douleur qu'on y ressent.

La plûpart des *C. chicamos* se croyent en sûreté lorsqu'ils ont pû mettre leur tête & une partie du corps dans leurs tanières; & en effet ils n'ont rien à craindre, si l'on ne se sert pour les en tirer de l'expedient que je vais dire. L'Indien arrive, & saisit l'animal par la queuë, qui est fort longue; l'*Armadille* ouvre ses écailles, & les serre si fort contre les parois de sa tannière, que l'Indien lui arrache souvent la queuë plûtôt que de l'en faire sortir. Dans ce cas, le chasseur le chatoüille avec un bâton, ou avec le bout de son arc, & aussi-tôt il serre ses écailles, & se laisse prendre sans peine.

Il y a aussi dans tous les Païs chauds une multitude d'*Higuànas*. On appelle ainsi une espece des Lézards fort laids, dont la couleur tient le milieu entre le verd & le jaune, & qui se nourrissent de feüilles d'arbres. Ils sont amphibies, & les Indiens regardent leur chair comme un mets délicieux. Il y en a une si grande quantité sur l'*Orénoque*, & dans les Rivières qui s'y jettent, que les Indiens qui navigent dessus, en prennent quelque fois une centaine dans l'espace de demi heure, tandis que les uns prennent fond, & que les autres coupent du bois & allument du feu pour faire cuire leurs alimens. Plusieurs en achêtent, & je ne veux point m'opposer à leur goût ; tout ce que je puis dire est, que je me suis souvent passé de manger, quoique j'en eusse une bonne quantité devant, parce qu'indépendamment de leur figure, qui est horrible, j'ai éprouvé qu'en leur mettant du tabac mâché dans la bouche, qu'ils ouvrent lors qu'on

Higuanas Lézards féroces.

leur serre le cou, ils meurent sur le champ, de même que les couleuvres, ce qui me persuade qu'ils sont de même espece qu'elles.

L'*Higuana* n'est estimable que par une pierre qu'il a dans le corps, dont la plus grosse ne pese qu'une once, & qui est aussi blanche que la chaux vive. Elle est un remède souverain pour la retention d'urine, ce qui fait qu'on la recherche avec soin ; on la pulverise, & on en prend une petite quantité dans de l'eau tiéde.

Espece de tortuë appellée Morrocay ou Icoteà.

Quelques-uns de ces Païs produisent une grande quantité de tortuës terrestres appellées *Icoteàs*, ou *Morracoyes*. Elles ne s'approchent jamais de l'eau, & elles sont revêtuës d'une écaille tâchetée de jaune, de rouge, de blanc & de gris. Elles sont fort aisées à prendre, parce que leur allure est fort lente. Lorsque l'ardeur du soleil les fatigue, elles s'amoncellent les unes sur les autres dans les taniéres qu'elles rencontrent, & ceux qui vont les chercher dans les plaines de *Caracas*, en tirent pour l'ordinaire huit à dix charges d'une seule caverne. Il est étonnant que cet animal se multiplie si fort, vû son peu de prévoyance. Il ne cache point ses œufs comme les autres tortuës, il les pond en marchant sans s'en mettre en peine, ce qui n'empêche pas qu'il ne multiplie extraordinairement, ainsi que je viens de le dire. Ces animaux n'ont point de chaleur dans les entrailles ; j'en ai ouvert quelques uns tout vivans, & ne leur ai point trouvé de chaleur ni dans le cœur, ni dans l'estomac, ni dans aucune partie du corps, Qu'est-ce donc qui peut fomenter sa nutrition ?

Je ne puis passer sous silence le moyen dont la Providence se sert pour procurer de l'eau aux Peuples qui habitent ces vastes plaines, qui en manquent pendant six mois de l'année ; voici en quoi il consiste. On trouve de distance en distance dans les fonds où l'humidité se conserve le plus, trois ou quatre arbres entourés de ronces & de buissons, qui fournissent une ombre agréable aux voyageurs contre l'ardeur du soleil, & tout auprès une mare d'eau, qui pour l'ordinaire est corrompuë, remplie d'insectes, & couverte d'une mousse verte, où les tygres, les serpens & les autres animaux sauvages viennent boire, de sorte qu'il est dangereux d'en goûter. Ceux qui ignorent le secret dont je vais parler, & qui sont tourmentés de la soif, coulent cette eau à travers d'un mouchoir, ferment les yeux, se bouchent le nez, & en boivent, ainsi que cela m'est arrivé au commencement. Pour que ceux qui viendront après moi dans ce Païs, ne se trouvent plus dans la même necessité, je vais leur découvrir une source qui leur fournira dequoi se désalterer. On saura donc que dans ces petits bois dont je viens de parler, il croît une plante appellée *Bejuque*, qui semblable à une treille, s'entortille autour des peupliers, & s'éleve jusqu'à leur sommet. Elle est de la grosseur d' bras, & le bois en eſt ſi tendre, qu'on l'abat d'un coup de coutelas.

Cette *Bejuque* eſt remplie d'un bout à l'autre d'une eau fraîche, pure & limpide fort ſaine. Lorſqu'on a des vaiſſeaux pour la contenir, on la coupe à niveau de terre, & on les remplit ; mais lorſqu'on n'a que ſon chapeau pour la recevoir, on la coupe au ſommet, & on en remplit un chapeau, on la coupe enſuite plus bas, & on en remplit un autre, & ainſi de ſuite. Cet avis ſera d'une grande utilité aux Miſſionnaires & aux autres voyageurs, & les excitera à glorifier la ſageſſe du Très-haut.

Je trouve dans l'Hiſtoire générale de l'univers de M. Salmon (*a*), que l'Etre ſuprême a procuré le même ſecours aux habitans des Philippines, faiſant naître chez eux une *Bejuque* tout-à-fait ſemblable à celle que je viens de décrire. Je reprens le fil de mon diſcours.

___

(*a*) Tom. 2, Cap. 9.

Osso hormiguero.

Figure de cet animal.

Le meilleur morceau, sur tout pour les Indiens *Morcotes*, est l'*Osso hermiguero*, lequel est de la grosseur d'un gros barbet. Il est tout velu, il a la queuë si grande & couverte de poils si longs, que lorsqu'il la réplie sur sa tête, il a tout le corps à couvert de la pluye & de l'ardeur du soleil. Il a les pieds & les mains armées de trois ongles crochus si forts, que si le Tygre en se jettant sur lui, manque son coup, & donne le tems à l'ours de l'embrasser, celui-ci le serre si étroitement avec ses bras, & lui enfonce ses griffes si avant dans le corps, qu'ils restent tous deux sur la place. Je trouvai sur un Rocher de l'*Orénoque* appellé *Marimaròta* un Ours de moyenne grosseur accroché avec un Aîgle, tous deux morts & dessechés par l'ardeur du soleil. Voyageant une autre fois en assez bonne compagnie, nous rencontrâmes un de ces Ours. Nous avions avec nous huit à dix chiens qui l'attaquerent avec beaucoup de courage; mais l'Ours ne s'en mit point en peine, il s'assit, & étendant ses bras en croix, il fit face à tous, sans que pas un osât lui toucher aucun poil du corps. La tête & la gueule sont ce que cet animal a de plus étrange; sa tête, qui n'est pas fort grosse, est armée d'une trompe longue de demie aune, ou de trois quarts d'aune, lorsque l'Ours est grand, à l'extrêmité de laquelle il y a un trou rond, dans lequel on ne sauroit fourrer le bout du petit doigt. Comment vît-il donc, & dequoi se nourrit-il ? Il parcourt les four-millières les unes après les autres, & se plaçant vis-à-vis du trou par où les fourmis entrent & sortent, il y fourre sa langue, qu'il tient cachée dans sa trompe, & qui est de même longueur ; les fourmis s'irritent, lui mordent la langue & & s'y attachent, & lorsque l'Ours sent qu'elle est suffisamment couverte d'insectes, il la retire, & la ressort aussi nette qu'auparavant, continuant ce manége jusqu'à ce qu'il soit parfaitement rassasié,

Cet ours vît de fourmis.

& voilà ce qui lui a fait donner le nom d'*Offo hormiguero*. Il est étonnant de voir combien cet animal s'engraisse avec une nourriture aussi foible.

Récolte de fourmis que font les Indiens. On ne sera point surpris que l'Ours s'engraisse de fourmis, lorsqu'on saura que les Indiens en font leur nourriture ; toute la différence qu'il y a entr'eux & cet animal est, que celui-ci les mange avant qu'elles ayent des aîles, au lieu que les Indiens ne s'en repaissent qu'après que les aîles leur sont venuës. Dès les premieres pluyes qui tombent dans le mois d'Avril & de Mai, après quatre ou six mois de sécheresse, on voit paroître une multitude prodigieuse de fourmis aîlées, qui après avoir pris leur vol, retombent aussi-tôt à terre par leur propre poids, sans pouvoir s'élever une seconde fois. Elles sont d'une grosseur extraordinaire, de sorte qu'avant que d'avoir des aîles, & tandis qu'elles s'occupent à fourrager, elles sont assés fortes pour emporter un grain de

Maiz, sans que ce fardeau rallentisse leur allure. Elles sont un peu plus grosses lorsque les aîles leur sont venuës, & de la ceinture en bas, elles ne composent qu'un peloton de graisse. Les Indiens les coupent en deux, & lorsqu'ils en ont amassé une quantité suffisante, ils les font frire dans la poële, où elles se cuisent dans leur propre graisse. Ceux qui en ont mangé, m'ont assuré qu'elles ne le cedent point à la meilleure friture. Je n'ai voulu ni les croire ni m'en assurer par moi-même, mais c'est par là que les Indiens se vangent des dommages qu'elles leur causent durant toute l'année. Elles sortent la nuit de leurs fourmillières, elles se jettent sur le *Maiz*, pendant qu'il est encore en herbe, en emportent les feüilles, & le *Maiz* périt. D'autres fois elles se jettent sur la *Yuca*, la dépoüillent de ses feüilles, & les Indiens n'ont plus de récolte à esperer; car leurs dents sont si vénimeuses, qu'elles font périr toutes les plantes qu'elles

Fricassée de fourmis.

Dômages que ces fourmis causent.

Elles détruisent les Cacaotiers.

touchent, sans en excepter les Orangers & les Cacaotiers, sans que les Indiens puissent les détruire ni par l'eau, ni par le feu ; il est vrai qu'ils en font périr un grand nombre, mais comme il y en a une multitude immense, ils ont toûjours dequoi s'occuper, & il reste assez de fourmis pour leur causer du dommage. Avant de passer outre, je suis bien aise de dire

Autres fourmis insuportables.

un mot des fourmis du *Palo-Santo*, qui infestent les Païs chauds, qui sont éloignés des Bruyères negées.

Palo-Santo. Sa beau-

Le *Palo-Santo* croît dans les terreins innondés, soit bois, soit forêt, aussi bien que dans les champs. Peut-être lui a-t'on donné ce nom, à cause que nourrissant une multitude de fourmis vénimeuses dans l'intérieur de son tronc, il n'en reçoit aucun dommage, & tire même vanité de ce qu'elles lui rongent continuellement le cœur ; car il n'y a point d'arbre qui l'égale pour la beauté. Son tronc est droit & fort haut, il est extrêmement touffu, & couronné d'une infinité de fleurs, qui forment autant de bouquets qu'il pousse de jets. Malgré tant d'avantages, il nourrit dans son sein de petites fourmis rougeâtres, dont la morsure cause une cuisson ardente pour tout le jour. S'il arrive, ce qui n'est pas rare, que huit ou dix de ces fourmis piquent un voyageur, outre la cuisson dont je viens de parler, elles lui causent une fièvre de vingt-quatre heures, & cet accident est assez ordinaire aux étrangers, qui ne sachant point ce que ces arbres cachent, s'asseyent au pied pour joüir de leur ombre, ou qui voulant en couper une branche, s'élançent pour la saisir, ou grimpent le long du tronc. Il n'en faut même pas tant, & il suffit pour ressentir ce fleau, de toucher en passant quelque branche de cet arbre, ou avec le chapeau, ou avec le bout de l'habit, on ne tarde pas à sentir la morsure des fourmis qui s'y sont attachées. Ce qui me fait croire que ces insectes ne vivent

Fourmis qu'il nourrit dans son sein.

Leur malignité.

que du suc du *Palo-Santo*, est, qu'elles ne s'en éloignent point pour chercher à manger, comme les autres fourmis ; ou si elles en sortent, elles ne s'en écartent que de trois ou quatre pas tout au plus ; leurs pieds ont une telle malignité, qu'il ne croît pas une herbe dans l'endroit où elles marchent, & cette circonstance qui est un avis pour ceux qui en connoissent la cause, devient un piége pour le voyageur qui l'ignore.

Irabubos leur figure.

On peut mettre l'*Irabubo* au nombre des animaux rares que les Indiens rencontrent & tuent pour leur servir de nourriture. Cet animal est de la grosseur d'une Brébis, mais il a le groüin & le foye d'un cochon, & sa chair a le même goût. Il est amphibie, & se trouve aussi bien sur la terre que dans l'eau. Il y en a beaucoup dans le Païs, & ils détruisent les semailles, ce qui oblige les Indiens à leur donner la chasse.

Fara, ou Ravale.

Les Indiens donnent aussi la chasse aux *Faras*, qu'ils appellent

Ravales, non point pour les manger, leur chair ayant une odeur dégoûtante, mais parce qu'ils détruisent les *Platanes*, les *Papayes* & les autres fruits qu'ils cultivent. Cet animal ne sort que la nuit, & on le trouve difficilement le jour. Sa femelle a la peau de l'estomac double, & celle de dehors est fenduë par le milieu d'un bout à l'autre, de sorte qu'elle a de chaque côté une poche, dans laquelle elle éleve & tient ses quatre petits jusqu'à ce qu'ils soient en état de marcher & de chercher leur nourriture ; ce qui est une chose tout-à-fait admirable.

On trouve sur l'*Arauca*, l'*Apure*, le *Buya*, le *Cravo* & sur d'autres Rivières qui se jettent dans l'*Orénoque*, une grande quantité de loups ou de chiens d'eau de la grosseur d'un chien couchant. Il y a aussi des *Loutres* ; mais leur poil est beaucoup moins fin que celui du loup ou du chien d'eau que les Indiens appellent *Guachi*. Cet animal nage avec beaucoup de

Loups & chiens d'eau appellés Guachi.

Leur figure.

geteté, & se nourrit de poisson ; il est amphibie, mais il vient chercher sa nourriture sur terre. Il creuse des fosses sur le rivage, dans lesquelles la femelle met bas ses petits, & les nourrit de son lait. Ils ne creusent point ces fosses à l'écart, mais dans les endroits où ils vivent en commun & où ils viennent se divertir. J'ai vû & examiné avec soin leurs tanières, & l'on ne sauroit rien voir de plus propre ; ils ne laissent pas la moindre herbe aux environs ; ils amoncellent à l'écart les arêtes des poissons qu'ils mangent, & à force de folâtrer, & d'aller & venir, ils pratiquent des chemins très propres & très commodes.

Ils jouët & badinent entr'eux comme les chiens.

Je finirai ce Chapitre par la description d'un petit animal, le plus beau, & en même tems le plus détestable qu'on ait encore vû. Les blancs de l'Amérique l'appellent *Mapurita*, & les Indiens *Mafutiliqui*. Il ressemble à ces petits chiens laids que les Dames élevent ; il a le corps tout tâcheté de blanc & de

Mapurito, ou Mafutiliqui.

Sa figure.

… de noir, sa queuë est proportionnée à sa grosseur, & garnie d'un très beau poil. Il est vif, méchant & hardi, & ne craint aucun animal pour grand & féroce qu'il soit, se fiant sur ses armes, dont j'ai éprouvé l'effet au point de perdre le jugement & d'être suffoqué. Lorsque le *Maparito* voit venir à lui un homme, un tygre, ou tel autre animal que ce puisse être, il l'attend de pied ferme, & lorsqu'il voit son ennemi à une portée convenable, il lui tourne le dos, & lui lâche un vent si empesté, qu'il l'étourdit, & le met pendant long-tems hors d'état de le suivre; après quoi il continuë son chemin, bien assuré qu'on ne le poursuivra point. Les Indiens le tuent de loin à coups de flèches, ils l'ouvrent, faisant attention de ne point lui déchirer les intestins, & mangent sa chair, qui est aussi bonne que celle du lapin. Ils se parent de sa peau, qui est belle, douce au toucher, & sans aucune mauvaise odeur. Laissons ces ani-

Manière dont il se défend.

maux, & retournons chez nos Indiens ; ils nous fourniront dequoi rire & dequoi pleurer.

CHAPITRE XLVIII.

Impression que font sur ces Peuples les Eclipses de Lune. Trouble dans lequel elles les jettent.

CEs Nations regardent les éclipses de Lune comme un très grand malheur, & comme elles en ignorent la cause, il n'en arrive jamais qu'elle ne les jette dans l'abbatement & dans l'effroi. Les uns se persuadent que la Lune est à l'agonie, & qu'elle est prête de mourir ; d'autres croient qu'elle est irritée contre eux, & qu'elle se retire pour ne les plus éclairer, & tous employent les moyens qu'ils jugent nécessaires, pour l'obliger à se montrer de nouveau, & ont recours à mille extravagances. Je ne doute point que les éclipses de soleil ne fassent la même impression sur eux : mais comme je ne me suis point trouvé parmi les Indiens, lorsqu'il en est arrivé, & que je n'ai pû par consequent être témoin de leurs folies, je me contenterai d'apprendre au Lecteur ce dont j'ai été témoin dans plusieurs occasions, sans lui cacher la frayeur que j'ai éprouvée.

Je me trouvai chez les Indiens *Lolacas* & *Atabacas*, & j'ignorois encore leurs coûtumes, lorsque j'entendis vers les dix heures du soir des cris & des gémissemens si étranges, que je crûs que ces deux Nations en étoient venuës aux prises. Je sortis de chez moi tout effrayé, je trouvai les hommes qui crioient d'un côté, tandis que les femmes couroient de l'autre toutes éplorées, tenant chacune un tison à la main, qu'elles alloient cacher dans la terre ou dans le sable. Quel bruit est-ce que j'entends, demandai-je au Capitaine. Ne vois-tu pas, me dit-il, que la

Conduite que tiennent les Atabacas & les Lolacas, lorsqu'il arrive une éclipse de Lune.

Affliction des femmes.

Lune va mourir ? *Et les femmes où vont-elles ?* Elles vont, répliqua-t'il, enterrer leurs tisons, parce que la Lune venant à mourir, tout le feu meurt aussi, à l'exception de celui qu'on a eu soin de dérober à sa vûë. Et quand, lui dis-je, as-tu vû mourir la Lune, & le feu avec elle ? Nous ne les avons vû mourir ni l'un ni l'autre, me répondit-il, mais nos ancêtres nous l'ont dit, & sans doute qu'ils le savoient. Sur ces entrefaites le Peuple s'étant assemblé, je leur demandai s'ils avoient trouvé du feu dans les tisons qu'ils cachoient ? Et comme ils m'eurent répondu que non, c'est donc à tort leur, dis-je, que vous l'enterrés, puisqu'il s'étouffe dans la terre & dans le sable. ,, Non Pere, me dirent-ils, ,, la Lune se nourrit & s'alimente de ,, nos larmes, & de-là vient que le ,, feu que nous cachons s'éteint ; ,, mais si la Lune venoit à mourir, ,, ce feu caché resteroit en vie. "

Voilà jusqu'où ces Peuples portent l'extravagance, & il n'y a rien de plus difficile que de vouloir déraciner une erreur qu'ils ont suivie de pere en fils. Cependant je fis apporter un miroir, une chandelle allumée & un orange, & appellant les principaux, je leur expliquai dans les termes les plus grossiers que je pûs trouver, que le défaut de lumière dans la Lune ne venoit d'aucune maladie, puisqu'elle n'est point un Etre animé, qu'elle ne recevoit sa lumière que du soleil, qui l'éclaire plus ou moins selon l'aspect où il se trouve à l'égard de cet astre, & que le globe terrestre venant à se rencontrer entre le Soleil & la Lune, celle-ci ne reçoit plus de lumière, lorsque l'éclipse est totale, on n'en reçoit que fort peu, si elle n'est que partielle. Pour les en convaincre, je plaçai mon orange entre la lumière & le miroir, quelques-uns comprirent ma démonstration, & frappant des mains sur leurs cuisses, ils furent expliquer à leurs gens la cause de l'éclipse, ce qui eut un si bon succès, qu'on

Ils comprennent à leur façon la cause de l'éclipse.

n'entendit plus dans la suite ni pleurs ni gémissemens lors qu'il en arriva de nouvelles.

Les Gentils se plaisent beaucoup à entendre parler de Géographie & d'Astronomie.

On ne sauroit croire le plaisir que ces Peuples ont lorsqu'on leur parle du mouvement du Soleil, de la Lune & des Etoiles, de l'étenduë de la terre & de la mer, & des Peuples qui les habitent. Comme ils sont dans une ignorance grossiere de toutes ces choses, & qu'ils ne connoissent d'autre païs ni d'autres hommes que ceux qui les entourent, ils sont bien aises d'apprendre ce qu'ils n'avoient jamais imaginé ; & comme ces entretiens sur les créatures, conduisent insensiblement au Créateur, on tâche insensiblement de le leur faire connoître, & c'est-là un des meilleurs moyens dont les Missionnaires se servent pour captiver l'attention de ces Barbares.

Ce qui les surprend le plus est que le Missionnaire

Il faut aussi que le Missionnaire les entretienne fort au long du voyage qu'il a fait d'Europe en Amérique pour leur enseigner le chemin du Ciel. Comme ils aiment

extrêmement leur païs, & qu'ils ressemblent en cela aux bêtes, qui ont peine à quitter les pâturages où elles sont accoûtumées, ils sont fort surpris qu'un Missionnaire, dans la seule vûë de les instruire & de prendre soin d'eux, ait quitté sa patrie & ses parens, & soit venu les chercher si loin, Je n'avance rien dont je n'aye de bonnes preuves, car m'étant trouvé dans des circonstances où des Peuples nouvellement sortis des bois vouloient y retourner, soit par l'instigation du démon, soit par le conseil de leurs anciens, & m'étant mis à écoûter leurs conversations, sans qu'ils me vissent, je leur ai souvent oüi tenir le discours que voici :
„ Comment pourrions-nous laisser
„ le Pere, tandis qu'il a abandon-
„ né ses parens pour nôtre bien;
„ & qu'y a-t'il d'étonnant que nous
„ nous éloignions de quelques lieuës
„ de nôtre païs, lorsqu'il s'est si
„ fort éloigné du sien pour l'a-
„ mour de nous ? J'ai éprouvé que
„ ces raisons font effet sur eux &

quitte son païs pour leur faire du bien.

» produisent de trés bons effets.

Occupation des Salivas durant une éclipse de Lune.

Les *Salivas* supportent encore plus impatiemment l'éclipse de Lune que les *Atabàcas*, & donnent des marques d'une plus grande affliction. Je crûs en 1735 sur les neuf heures du soir que les *Caribes* nous avoient attaqués selon leur coûtume, tant ils faisoient du bruit avec leurs tambours & leurs armes. Je sortis & trouvai mes Indiens rangés à la file, qui presentoient leurs armes à la Lune, lui offrant de la deffendre, & la priant de ne point se retirer. Les jeunes gens depuis l'âge de quinze ans jusqu'à vingt, étoient rangés à part sur deux files, & des vieillards les foüettoient tour à tour avec des courroyes ; d'un autre côté les femmes toutes éplorées, regrettoient le départ prochain de la Lune. Il me fut impossible de les consoler, mais ils apprirent avec plaisir que la Lune ne les quitteroit point pour cette fois, & qu'ils la reverroient avant une heure & demie aussi pleine & aussi contente qu'auparavant. La chose arriva comme je la leur avois prédite, & ils furent extrêmement contens. Je n'ai jamais pû découvrir l'idée de cette Nation, j'ai compris seulement qu'elle suppose que la Lune a des ennemis, dont la vûë l'oblige à se retirer pour aller éclairer d'autres Peuples. De-là naît leur chagrin, & les offres qu'ils lui font de combattre pour elle, & les priéres qu'ils lui font de ne point s'en aller.

Cette même opinion a cours parmi les Gentils des Philippines, à quelque différence près. (a) Ils croyent fermement que le Soleil & la Lune ne s'éclipsent que pour éviter un furieux Dragon qui cherche à les avaler, & sans se mettre en peine d'où ce furieux animal peut être venu, ils s'affligent de l'absence de ces astres; mais dans l'impossibilité où ils sont de secourir leurs bienfaiteurs, ils frappent continuellement sur leurs tambours.

(a) M. Salmon. Tom. 1.

& sur leurs caisses, pour étourdir le Dragon, & lorsque l'astre reparoît, ils celebrent la victoire qu'ils croient avoir remportée sur lui.

Simplicité des Indiens Guayanos. Les Indiens *Guayanos* me paroissent encore plus sots & plus simples que ceux dont je viens de parler. Dès qu'il survient une éclipse de Lune, ils prennent les outils dont ils se servent pour cultiver leurs champs, & commencent à défricher le terrein de toutes leurs forces, protestant tous ensemble à haute voix,, que la Lune ,, a raison de se fâcher contr'eux, ,, & de vouloir les abandonner, ,, puisqu'ils ont oublié de lui des- ,, tiner un champ, comme ils y ,, étoient obligés ; ils la prient de ,, ne les point abandonner, puis- ,, qu'ils lui en preparent un pour ,, y sémer du *Maiz*, de la *Yuca*, ,, des *Platanes*, &c. Telle est la prière dont ils accompagnent leur travail tant que l'éclipse dure, mais la Lune n'a pas plûtôt repris sa lumière, qu'ils retournent cheeux, témoignant la joye qu'ils ont de ce qu'elle ne s'est point retirée. Ils abandonnent leur travail, & ne songent plus à sémer le champ de la Lune, jusqu'à ce qu'il survienne une nouvelle éclipse, ils le recommencent alors tout de nouveau, mais il est aussi infructueux qu'auparavant.

Les Indiennes *Otomacas* montrent plus de prudence que leurs maris durant les éclipses de Lune. Ceux-ci prennent tout d'un coup leurs armes, ils courent tous éperdus, ils poussent des cris horribles, & frapant leurs fléches contre leurs arcs, pour marquer leur indignation, ils prient la Lune de ne point mourir; mais voyant que tous leurs efforts sont inutiles, & qu'elle perd peu à peu sa lumière, ils rentrent dans leurs maisons, & grondent leurs femmes de ce qu'elles se montrent insensibles à la maladie de la Lune; mais comme elles font semblant de ne pas les oüir, & qu'elles ne leur disent mot, leurs maris changent de stile, & commen-

Folies des Otomacos durant l'éclipse.

cent à les supplier de pleurer & de crier pour que la Lune reprenne des forces, & ne se laisse point mourir. Leurs priéres ne font pas plus d'effet que leurs menaces, & les *Otomacos* en viennent aux présens, qui vainquent l'infléxibilité de leurs épouses. Elles prennent leurs plus beaux Bijoux, & offrent à la Lune, les unes des bracellets de verre, les autres des colliers de dents de singes, & autres présens semblables ; elles sortent ensuite pour saluer la Lune, & lui adressent d'une voix plaintive un grand nombre de priéres ; & comme cette cérémonie commence dans le tems que la Lune reprend sa lumière, & qu'elle reparoît dans tout son éclat avant que leurs priéres soient achevées, les *Otomacos* font mille remercimens à leurs femmes de ce qu'elles ont touché la Lune par leurs cris lamentables, & l'ont obligée à ne point se laisser mourir. Tels sont les effets de l'ignorance de ces peuples, en cela semblables aux Mores, lesquels durant les éclip-

Les Otomacos payent enfin leurs femmes pour les obliger à pleurer.

ses de Lune, s'affligent, pleurent, s'arrachent les cheveux, & entrent enfin en fureur, dans la fausse persuasion où ils sont que la Lune est irritée contre eux, ou malade. Tels sont les excès auxquels les hommes se portent lorsqu'ils ne sont point éclairés ni par la Réligion, ni par les sciences, & c'est faute de cette lumière divine que les Astronomes de la Chine, quoi qu'extrêmement versés dans la connoissance des astres, sont à cet égard dans la même erreur que les Mores; & les Peuples barbares de *l'Orénoque*. Ecoutons là-dessus le Pere Nicolas Trigaut Jesuite, Missionnaire & ancien Historien de l'empire de la Chine.

„ L'emploi des Astronomes de
„ *Pequin* est d'annoncer dans tout
„ l'empire les éclipses de Soleil &
„ & de Lune qui doivent arriver.
„ Ils publient un Edit qui enjoint à
„ tous les Mandarins & à tous les
„ Prêtres des Idoles, qui sont ins-
„ truits de leurs fonctions, de
„ s'assembler dans un lieu marqué,
„ pour donner du secours à la

» Planette qui se trouve dans la
» tristesse & dans l'affliction, ce
» qu'ils font, selon eux, en son-
» nant les cloches un certain nom-
» bre de fois, & s'agénoüillant
» pendant tout le tems que l'éclipse
» dure. Ils craignent, à ce qu'on
» dit qu'un serpent ne l'engloutisse.
Voilà ce que rapporte l'Auteur que je viens de citer.

Il est vrai que depuis que l'Evangile fait des progrès dans ce vaste Empire, ils sont beaucoup plus éclairés sur tout ce qui concerne le cours des Planetes, ou le mouvement des astres, & qu'ils sont moins frappés des Phénomènes qui arrivent.

Les Indiens cônoissent outre le Soleil & la Lune, quelques autres Astres.

Le Lecteur sera peut-être bien aise de sçavoir si ces barbares connoissent d'autres Astres & d'autres Planettes que le Soleil & la Lune, & s'ils ont quelque règle pour compter les mois & les années. Il sçaura donc qu'ils connoissent les *Pleïades*, que les uns appellent *Ucasu*, & d'autres *Cacasau*, selon la proprieté de leur langue. C'est

DE L'ORENOQUE. 255

par elles qu'ils reglent le cours de l'année, je veux dire qu'ils commencent leur année dès l'inſtant que ces étoiles ſe montrent à l'Orient après le coucher du Soleil, & c'eſt alors que ſe font chez eux les payemens. Par exemple, *Edaſu, Ucaſu farruſacaju*, c'eſt-à-dire, aux chevrettes prochaines, ou dans un an, je te payerai. Ils reglent leurs mois ſur les Lunaiſons, par exemple, *Alaquiri boteyfida farruſamay*; nous reviendrons après deux Lunes. Ils n'ont point de ſemaines, ni des noms pour diſtinguer les jours, mais ils ont ſuppléé à ce deffaut par leur induſtrie : par exemple, un mari fait un voyage de vingt-cinq jours, & fait un billet qu'il doit payer à la fin de ce terme ; il donne un cordon à ſa femme qui contient autant de nœuds qu'il doit reſter de jours en route ; le débiteur donne un pareil cordon à ſon créancier, & en garde un pour lui ; le matin venu, la première choſe qu'ils font, eſt de denoüer un nœud de ces cordons, & pas un

Pluſieurs Nations reglent leur année ſur le cours des Pléïades. Elles reglent leurs mois ſur les Lunaiſons, & leur donnent le nom de Lune. Moyens qu'ils ont imaginé pour compter les jours.

n'y manque, & lorsqu'ils défont le dernier, ils sçavent que le terme est échû, & courent remplir leur engagement, & ceux qui ne sont pas en état de payer, alleguent leur excuse, on noüe un nouveau cordon, & on prend du délai.

Ils ont des nombres pour compter jusqu'à cinq. Nonobstant ce que je viens de dire, presque tous ces Peuples comptent jusqu'à cinq & ont des nombres pour cet effet, & lorsqu'ils sont arrivés à cinq, ils continuent disant : *cinq & une, cinq & deux*, &c. & au lieu de dix, ils disent *deux cinq*, de quinze, *trois cinq*, & à vingt *quatre cinq*, accompagnant toûjours les nombres qu'ils nomment d'un nombre de doigts correspondant, tantôt

Moyen dont ils se servét pour compter jusqu'à mille, deux mille, &c. d'une main, tantôt de deux, quelque fois d'un pied, quelque fois de tous les deux ensemble. Il est bon de remarquer que leurs nombres répondent au nombre des doigts d'une personne, & rien de plus ; par exemple, dans la Langue Achagua *Abacaje*, est cinq, & veut dire les doigts d'une main :

Iucha macaje, est dix, c'est-à-dire, les doigts des deux mains : *Abacaytacay*, signifie vingt, c'est-à-dire, les doigts des mains & des pieds : *Iuchà matacacay*, est quarante, c'est-à-dire, les doigts de deux hommes, & c'est ainsi qu'ils comptent jusqu'à deux mille, six mille, & dix mille doigts dans un jargon, qu'on vient à bout d'entendre à force de travail.

CHAPITRE XLIX.

Usages des Indiens par rapport à leurs Mariages, à la Polygamie, & au Divorce.

COMME chaque Nation suit ses traditions, elle a aussi ses usages particuliers par rapport aux Mariages qu'elle contracte. J'ai décrit fort au long dans le dixiéme Chapitre la multitude des cérémonies que les Indiens *Guayquiries* pratiquoient dans leurs Mariages avant qu'ils eussent embrassé le Christianisme, & j'ai remarqué qu'elles me paroissoient d'autant plus singulières, que les Barbares n'ont pas coûtume d'en employer beaucoup en pareil cas. J'entrerois dans un trop grand détail, si je voulois rapporter toutes celles que j'ai remarquées ; j'en indiquerai seulement quelques unes qui suffiront pour faire juger des autres, & qui feront connoître jusqu'où peut aller la folie des hommes qui ne sont point éclairés des lumières de la foi.

Si le nouveau marié manque de payer aux parens de sa future ce qu'il leur a promis, le mariage n'a point lieu.

Plusieurs de ces Nations s'accordent en un point, & les autres, quoi qu'elles paroissent s'en éloigner, agissent conformément à la persuasion où elles sont qu'elles peuvent vendre leurs filles, & que le fiancé doit les payer à leurs parens, pour les dédommager des soins qu'ils ont pris de les élever, & pour reconnoître ceux qu'elles prendront de leurs maris lorsqu'elles seront en leur puissance.

Cette opinion, que suivit Laban, lorsqu'il fit travailler Jacob avant de lui accorder ses deux filles Lia & Rachel, est aussi celle que suivent la plûpart des Peuples Gentils dont je vais parler ; mais comme ils n'ont pas l'ame fort élevée, & que leurs facultez sont fort modiques, les parens de l'épouse se contentent pour l'ordinaire de choses de bas prix. Les filles ne sont pas à si bon marché à la Chine, où le bas Peuple achete à beau deniers comptans celle qu'il veut épouser ; & quoique la Noblesse ne suive pas cet usage, elle en a un autre infiniment plus couteux, parce qu'avant de se marier, elle envoye à la fiancée une grosse somme pour en acheter les bijoux & les choses qui lui font plaisir. (a) Les Européens ne doivent pas trouver cette coûtume étrange, comme si elle montroit l'interêt & l'avarice des parens, plûtôt que leur amour

(a) P. Trigault. Histoire de la Chine, Liv. 1. Chap. 7. & M. Salmon Histoire de la Chine, Liv. 1. Chap. 9.

pour leurs filles ; car les Chinois & les Américains peuvent nous accuser à leur tour de chercher une femme, bien moins par amour & & par inclination, qu'en vûë de la dot qu'elle nous apporte. Ils peuvent encore regarder cette dot, qui est un effet de la liberalité des peres, & une preuve de leur amour pour leurs filles, d'un autre œil que nous, & l'interprêter en mauvaise part, en disant que les Peres de famille Européens, pour se débarrasser de leurs filles, qui leur sont à charge, donnent une grosse somme à ceux qui veulent les prendre pour femmes ; de sorte que si ces coûtumes choquent les Européens, les nôtres choquent à leur tour les Chinois & les Indiens, & ceci pourroit fournir le sujet de cette Dissertation politique, sçavoir : ,, Quels ,, sont les parens qui témoignent le ,, plus d'amour à leurs filles, ceux ,, qui les vendent pour que leurs ,, maris ayent de l'estime pour elles ; ,, ou ceux qui les dotent pour que ,, leurs maris les mettent à prix ?

DE L'ORENOQUE. 261

Il y a quelques unes de ces Nations où aussi-tôt qu'il naît un enfant mâle, on attend & l'on épie la première fille qui vient au monde, & aussi-tôt on la demande à ses parens, alleguant pour raison qu'étant nez en même tems, ils doivent vivre ensemble, & le mariage est arrêté dès ce jour-là même. A mesure que le garçon croît, & qu'il commence à faire usage de l'arc & de la fléche, il porte à la fille tout ce qu'il peut attraper, soit poisson, fruit ou gibier, & c'est-là un tribut qu'il lui paye jusqu'à ce qu'on la lui donne pour femme. Il y a d'autres Nations où on ne la lui donne qu'après qu'il l'a meritée par quelque action. On éxige de lui premiérement qu'il tuë un Sanglier lui-même, & qu'il le porte à la maison de son beau Pere, pour lui prouver qu'il est un homme fait. En second lieu, il doit avant de se marier ensemencer pour son usage un champ pareil à celui qu'ensemencent les hommes mariés, afin qu'on voïe qu'il est en état d'entre-

Quelques Indiens marient leurs filles du moment qu'elles naissent.

Ce qu'on éxige du nouveau marié chez quelques Indiens.

tenir sa famille. L'épreuve est encore plus forte chez d'autres Nations, car outre le champ qu'il doit preparer, & la maison qu'il doit bâtir pour y demeurer, il doit labourer & défricher le champ de son beau Pere, & lui bâtir une maison neuve, en cas que celle qu'il habite ne soit plus logeable. Si la maison du Beau-Pere est encore bonne, à la place du travail auquel il étoit obligé pour lui en bâtir une, il est tenu d'ensémencer son champ pour l'année suivante.

Chez quelques Nations le mariage passe pour un Contrat d'achât & de vente.

Quelques autres Nations ne font pas tant de façon, elles regardent le mariage sur le pied d'un Contract, on y stipule ce qu'on doit donner pour l'achât de la mariée, & le marché conclu, on donne la somme dont on est convenu, & si l'Indien a l'âge competant, il emmene sa femme, sinon il est obligé dès ce moment de lui fournir dequoi vivre. Lorsque celui qui demande la fille, a déja une ou plusieurs femmes, les parens font difficulté de la lui donner; & ce n'est qu'à force d'augmenter la paye que le marché se conclut.

Il n'en est pas de même des veuves qui sont en âge d'être mariées; car à l'exception des *Caribes*, chez qui le fils aîné du défunt les prend pour femmes, & des *Otomacos* chez lesquels les Capitaines donnent la veuve à un jeune homme, chez les autres Nations les parens de la veuve n'interviennent point au second mariage, & elle choisit le mari qui lui plaît.

Ce n'est que chez les *Betoyes* & dans leurs differentes Capitaineries que j'ai vû prononcer des paroles dans le tems des épousailles. Le pere de la fille demandoit au nouveau marié: *Fajincfa dù? Auras tu soin d'elle?* Et le jeune homme répondoit: *Mamifarrine fà dù. J'en aurai tout le soin possible.* Ces Peuples n'usent d'aucun Contrat, ce qui n'empêche pas que le mariage n'ait lieu selon leur façon de penser, mais, comme je le dirai tantôt, ces sortes de Contrats n'ont

Autres sortes de mariage.

pas beaucoup de validité, de quelque nature qu'ils puissent être, soit exprès ou tacites. On peut voir là-dessus Herrera (a) & le Pere Trigault (b) dans son Histoire de la Chine, lequel parle des mariages des Chinois en ces termes : *Les Peres des parties dressent eux-mêmes le Contrat, & ne demandent point le consentement de leurs enfans*, ce qui n'empêche pas que ceux-ci ne leur obéissent aveuglement.

Je ne doute point qu'une pareille obéissance dans des filles Payennes n'excite le courroux de nos Dames, dont les filles, quoi-qu'élevées dans le sein de la véritable Réligion, se marient à leur gré & contre la volonté de leurs parens par la seule entremise d'un Prêtre. Je ne désaprouve point leur courroux, mais je les prie de se fâcher, non point contre leurs filles, qui ont commis une pareille ingratitude,

(a) Decad. 6. Liv. 5. Cap. 6.
(b) *Ubi suprà*. Lib. 1. Cap. 7. Salmon. Cap. 9. Hist. de la Chine.

mais

mais contre elles-mêmes, puisque c'est-là le fruit de l'éducation qu'elles leur ont donnée, du peu de soin qu'elles en ont pris, & de la liberté qu'elles leur ont laissée. Une fille n'a pas besoin de tant de promenades pour être séduite, Dina le fut la première fois qu'elle sortit.

La Polygamie est si fort établie de pere en fils chez les Indiens, qu'ils ne se mettent pas en peine de savoir si elle est permise ou non; mais généralement parlant, il y en a peu qui ayent plusieurs femmes, moins faute de volonté, que parce qu'ils n'en trouvent point; ou, au cas qu'ils en trouvent, parce qu'ils n'ont pas le moyen de payer ce que les peres demandent, ou parce qu'ils ne veulent pas s'obliger à payer la pension dont j'ai parlé ci-dessus. Les Caciques, les Capitaines, quelques Indiens distingués par leur courage, leur adresse & leur éloquence, leurs *Curanderos*, Médecins ou *Piaches* sont les seuls qui par leur autorité, par leur

La pluralité des femmes n'a pas lieu chez les Indiens.

valeur, ou par leurs rufes viennent à bout d'avoir deux ou trois femmes; il y a même quelques Chefs qui en ont huit, & même plus, dont ils font redevables à leur train.

Ils cherchent plûtôt les femmes par interêt que par libertinage.

Cependant lors qu'on fait attention à la chofe, on apperçoit clairement qu'en prenant un fi grand nombre de femmes, ils font bien plus guidés par l'interêt & par l'orgueil, que par le libertinage. On comprend bien que ces femmes ne peuvent vivre en bonne intelligence entr'elles, auffi ne vivent-elles pas dans la même maifon, elles ont chacune un logement à part, où elles vivent avec leurs enfans, & où elles font leur ordinaire, fans avoir aucune communication les unes avec les autres. Le poiffon que le mari prend lui-même,

Manière dont ces femmes vivent entr'elles.

ou par l'entremife de fes domeftiques & de fes Vaffaux, fe répartit entr'elles à proportion des enfans qu'elles ont; & lorfque l'heure du répas eft venuë, on lui étend une nate à terre, c'eft-là leur table, chacune de ses femmes lui met devant un plat de viande, une tourte de *Cassave*, ou un *Caizù* de Maiz, après quoi elle se retire sans lui dire un mot, & sans se mettre en peine s'il mange ou non. Au bout de quelque tems, chacune tire de son tonneau ou de sa cruche une *Tutùma*, ou mesure de *Chicha*, & la lui met devant pour qu'il boive; & le répas fini ces femmes se retirent chez elles, pour y prendre leur répas avec leurs enfans, au moyen dequoi l'on previent tout débat. Ces femmes vivent aussi separées dans les champs, le mari a soin de partager entr'elles le petit espace de bois qu'il défriche avec les convives, chacune l'ensemence, le cultive & a soin de la portion qui lui est échûë sans empieter sur celle de sa voisine, ce qui n'empêche pas qu'il ne naisse des débats entr'elles, soit à l'occasion du terrein qu'elles occupent, qui n'est pas si également partagé qu'il ne s'en trouve de meilleur ou de plus étendu, soit à l'occasion des

M ij

Elles ne laissent pas d'avoir des démêlés.

vols que leurs enfans font quelquefois dans des champs qui n'appartiennent point à leurs meres.

Comme donc ces Nations suivent à l'égard de la Polygamie la coûtume effrenée de la plûpart des Américains, (*a*) qui l'ont sans doute reçûë des premiers hommes qui passerent de nôtre continent dans le nouveau monde, (*b*) il n'est pas étonnant qu'on trouve chez elles l'usage du divorce qui étoit établi en Europe depuis un tems immémorial (*c*) & que les Hébreux reçûrent à l'exemple des Gentils, d'où il a passé chez les autres Peuples. (*d*)

Ces Nations ne different entr'elles que par rapport aux motifs qu'elles alleguent en cas de divorce, & qui varient suivant leur génie & leurs coûtumes. Les Juifs ne pou-

_____

(*a*) Torquemada & le Fr. Greg. Garcia, Lib. 3. cap. 454.
(*b*) Aristoteles de Mirab. auscult.
(*c*) Garcia *ubi suprà*. Rosinus Lib. 5. Antiq. Rom. cap. 38. & Revaldus in duodecim Tabul. cap 19.
(*d*) Blondus de Roma Triumphante. Lib. 8.

voient répudier leurs femmes que dans certains cas, & que pour des causes légitimes, encore étoient-ils obligés de leur donner un écrit de séparation. Les Romains étoient beaucoup moins scrupuleux à cet égard, & il suffisoit que Titia eût été au Cirque sans la permission de Clavius, pour que celui ci la répudiât. Les Indiens abandonnoient leurs femmes pour des motifs encore plus legers, & même sans en avoir aucun, suivant en cela le penchant de leur cœur corrompu, comme je l'ai dit ci-dessus.

Malgré ce que je viens de dire, quelques-unes de ces Nations donnent quelques marques de raison par rapport à leurs mariages, excluant de ce lien les parens au premier dégré de consanguinité. Les *Betoyes* étoient infiniment plus scrupuleux à cet égard que les autres Indiens, & ne se marioient qu'au sixième dégré; mais les autres Indiens, tels que les *Caribes* & les *Chiricoas* n'y regardent pas

Les Indiens ont égard aux dégrés de parenté dans leurs mariages.

270 HISTOIRE

de si près, & se marient indistinctement avec les femmes qui leur plaisent.

Ecüeil contre lequel échoüent plusieurs peuples nouvellement convertis.

Telle est la confusion dans laquelle vivent les Gentils à qui un Missionnaire va porter la lumiére de l'Evangile, & à dire vrai, la Polygamie & le divorce sont l'écüeil contre lequel ont échoué plusieurs Peuples sur lesquels on fondoit de grandes esperances pour leur salut. C'est pourquoi il est à propos que les nouveaux Missionnaires consultent ceux de leurs Confreres qui ont le plus d'experience, pour se conduire selon leurs avis, étant impossible de donner là-dessus des règles générales, vû que ces Peuples ne different pas moins par leurs usages & leurs coûtumes que par leurs Langues.

Il est à propos de consulter les personnes experimentées.

Règle générale & unique pour le cas en question.

Le principal but que doit se proposer un Missionnaire est de gagner ces ames à Dieu : c'est là où doivent aboutir ses travaux & ses diligences, mais il doit s'attendre à les perdre dans un seul jour, s'il se hâte avant le tems de leur parler de la Polygamie. Le Soleil ne diſſipe pas les ténébres tout d'un coup, ce n'eſt qu'en envoyant peu à peu ſes rayons ſur la terre, qu'il vient enfin à bout d'y ramener la clarté du jour. Ces Barbares n'ont aucune connoiſſance de l'Eternité, ils n'ont aucun motif qui les porte à veiller ſur eux-mêmes, & à réprimer leurs paſſions; ils conſervent aveuglement les coûtumes qu'ils ont reçûës de leurs ancêtres, ſans examiner ſi elles ſont bonnes ou mauvaiſes; c'eſt pourquoi il n'eſt point à propos de vouloir reformer d'abord un abus qu'on doit s'eſtimer heureux de détruire après bien de peines & de ſoins. Il faut commencer par les gagner, & enſuite les cultiver & les inſtruire, & ſe ſouvenir ſur tout, qu'il importe extrêmement de moderer ſon zéle pour pouvoir les gagner lorſqu'il en ſera tems. Quelle utilité un Laboureur tireroit-il de ſon travail, s'il vendangeoit ſa vigne avant que le raiſin fût mûr? En attendant le tems favorable le

On doit ſe conduire avec réfléxion & avec prudence.

On a de quoi s'occuper avec fruit.

Missionnaire doit s'occuper à instruire les enfans & les adultes, sans vouloir exiger d'eux plus qu'il ne faut ; il doit leur laisser du tems pour cultiver leurs terres, & prendre un soin tout particulier des malades & des moribonds. Toutes ces attentions produisent enfin leurs effets sur ces cœurs Barbares, & les obligent à se mettre sous la conduite du Missionnaire, pour apprendre de lui la voye du Salut ; & voilà le tems de la récolte & l'heure convenable pour lâcher la bride à ses bons désirs, & pour recüeillir à pleines mains le fruit qu'il a cultivé avec tant de peine & de sollicitude.

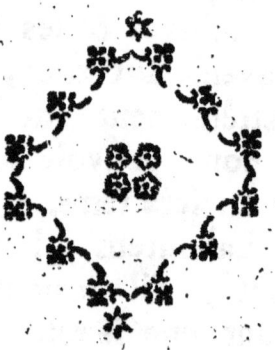

CHAPITRE L.

On examine si l'Amérique est plus ou moins peuplée aujourd'hui qu'elle ne l'était avant qu'on y eût introduit le Christianisme.

LA question que je traite ici m'a été proposée par un grand nombre de personnes, & quoique suivant le plan que j'ai pris, je ne dûsse y répondre qu'autant qu'elle a rapport aux Peuples de l'*Orénoque* & des Païs circonvoisins; cependant pour faire voir à Mr. Noblot & à quelques autres Auteurs que les Espagnols ne sont pas aussi durs & aussi cruels envers les Américains qu'ils l'ont prétendu, j'étendrai ma réponse aux Indiens de l'une & de l'autre Amérique, abbregeant mon discours autant qu'il sera possible, pour ne pas ennuyer le lecteur. A l'égard des Nations dont je parle dans cet Ouvrage, il suffit de se rappeller les trois causes principales, & les autres causes accessoires que j'ai indiquées dans le septiéme Chapitre du second volume, pour conclurre aussi-tôt que les Indiens augmentent considérablement après qu'ils ont reçû le Bâtême, parce que la lumiére de la grace bannit de chez eux, premierement les guerres, secondement, les poisons, troisiémement l'usage où ils étoient de se nourrir de chair humaine, & quatriémement enfin l'abus détestable d'enterrer les filles qui naissent, un des jumeaux, & tous les enfans qui viennent au monde avec quelque difformité.

Les Indiens augmentét en nombre après avoir reçû le Bâtême, & pourquoi ?

A l'égard des autres Royaumes de l'Amérique, on n'y sacrifie plus comme autrefois des hommes aux Idoles, & comme tous ces usages étoient tout autant de fleaux qui hâtoient la ruine des Indiens pendant qu'ils étoient Gentils, il s'ensuit nécessairement que leur nombre doit augmenter considérablement depuis qu'ils les ont abandonnés, & qu'ils ont embrassé le Christianisme. C'est ce qu'on éprouve tous les jours, non-seulement dans ma Province, mais encore dans celles que nous avons dans les autres parties de l'Amérique, aussi bien que dans les *Philippines*, comme le lecteur peut le voir dans l'Histoire qu'on en a donnée. C'est ce que j'ai vû & appris moi-même de la bouche des Peres Procureurs Généraux de ces Provinces, que j'ai vû à Madrid & à Carthagene des Indes, & de celle du Procureur du Brésil : de sorte qu'à l'exception des Indiens des Isles *Mariannes*, on remarque au bout de quelques années une augmentation considérable chez les autres, parce qu'outre les abus dont j'ai parlé, on en détruit une infinité d'autres qui s'opposent à la propagation de l'espéce. On voit cesser la Polygamie & la multitude des femmes, laquelle, supposé qu'elle ne les rende pas stériles, détruit &

énerve les hommes. On les voit renoncer à la coûtume insensée qu'ils avoient de marier leurs filles avant qu'elles fussent nubiles, coûtume qui occasionnoit un grand nombre de maux, entr'autres la stérilité de plusieurs. Enfin ils ne pratiquent plus la circoncision dont j'ai parlé plus haut, qui causoit la mort à une infinité d'enfans; ces trois causes de diminution, de même que les cinq autres dont j'ai parlé, une fois ôtées, il y a par rapport à l'augmentation de l'espéce la même difference qu'entre une riviére qu'on saigne, & celle qu'on laisse couler en liberté sans lui ôter aucune partie de son eau; on voit bien que la difference doit être considérable, or c'est là justement ce qui arrive par rapport aux familles Indiennes qui embrassent le Christianisme, eu égard à ce qu'elles étoient avant d'avoir reçû la lumière de la foi.

En admettant ce que je viens de dire comme incontestable, jettons maintenant les yeux sur les

Indiens tels qu'ils étoient dans le tems de leur gentilité, & comparons-les avec ceux qui sont entrés dans le sein de l'Eglise. On conviendra sans peine, en comparant le nombre des uns avec le nombre des autres, que celui des Indiens qui ont été civilisés lors des premieres conquêtes, étoit beaucoup plus grand qu'il ne l'est aujourd'hui (j'en excepte toûjours les habitans des *Philippines* & quelquels autres Peuples, qui depuis leur première pacification jusqu'à nos jours ont été toûjours en augmentant). Plusieurs Auteurs étrangers inferent de ce parallele une conséquence, qui selon eux est incontestable, savoir, que cette diminution est l'effet de la cruauté des Espagnols. Je nie cette conséquence comme fausse, parce qu'il y a une infinité d'autres causes qui ont contribué à la diminution dont on parle, quoi qu'elle soit beaucoup moindre qu'on le prétend.

On suppose cétte diminution.

Sentiment d'un Auteur célebre à ce sujet.

Dom Bernard de Ulloa (*a*) traite ce sujet de même que tous les autres de son excellent Ouvrage, d'une manière qui ne laisse rien à désirer, & les raisons qu'il apporte sont de nature à imposer silence aux esprits les plus passionnés & les plus jaloux de la gloire que les Espagnols ont acquise par leurs exploits dans la conquête de l'Amérique. J'avois déja commencé ce Chapitre, lorsque la seconde Partie de cet Ouvrage m'est tombée entre les mains, & j'étois prêt à le retrancher tout-à-fait; mais j'ai fait réfléxion depuis que cet Auteur ne trouveroit pas mauvais que j'ajoûtasse aux raisons qu'il allegue, & qui renferment en peu de mots tout ce qu'on peut dire sur ce sujet, quelques circonstances particuliéres, dont la nouveauté ne déplaira pas, j'espere, au Lecteur.

Les causes qu'alleguent les Etrangers (quelques Auteurs Espagnols en admettent quelques unes) de

(*a*) Part. 2. del *Comercio Español*, cap. 21. & 22.

la diminution des Américains sont: 1°. La quantité qui en a péri dans les premiéres conquêtes: 2°. Le travail personnel qu'on leur impose, dont le plus considerable est celui des Mines: 3°. Les maladies dont ils ont été affligés, & qu'ils n'avoient jamais connuës auparavant: 4°. Les charges & les tributs qu'ils prétendent qu'on a imposés aux premiers Américains & à ceux qui vivent aujourd'hui. Avant que de répondre à chacun de ces points, je commence par nier que le déchet des Indiens Américains soit aussi grand qu'on le prétend. M. Noblot dit que le Méxique paroît un désert eû égard à ce qu'il étoit ci-devant. Que cet Auteur prenne la peine de se mieux informer, & il trouvera que le nombre des Indiens du Méxique est presque infini, car personne n'ignore que dans toute la nouvelle Espagne il y a une quantité considérable de Colonies, tant d'indiens *Otomitas* que de *Méxicains*, qui les assujettirent lors de l'invasion générale qu'ils firent ;

& il est certain que la Jurisdiction seule de Saint Michel contient quatre-vingt mille Indiens, & elle n'est pas la seule qui contienne un même nombre d'habitans, ou peu s'en faut; il y a plusieurs Alcaldies & Corregimens qui contiennent quarante mille Indiens, & il y en a un plus grand nombre de celles qui sont au dessous.

On doit surtout se souvenir de la remarque d'Herrera (*a*) sçavoir, que la raison pour laquelle le nouveau Continent se trouva moins peuplé que l'ancien, fut, que celui-ci étoit déja peuplé lorsque l'Amérique commença d'être habitée. Il ajoûte que les Rois du Méxique envoyoient du monde pour peupler les Côtes & les autres Païs déserts. Où est donc ce nouveau désert que les Auteurs imaginent? Ce que je viens de dire du Méxique, a lieu à proportion par rapport au Perou, à la Terre-Ferme & au nouveau Royaume. J'accor-

_____
(*a*) Decad. 1. Lib. 1. cap. 6.

de cette diminution d'Indiens dans les trois Vice-Royautés, auſſi bien que dans le Perou & dans la Terre-Ferme, où elle eſt plus conſiderable, eu égard à la multitude d'habitans que renfermoient autrefois ces Royaumes: mais que l'on jette la vûë, je ne dis point ſur toutes les Miſſions Apoſtoliques que cultivent tous les Ordres Réligieux ſur les frontières des Gentils, avec un fruit proportionné aux peines qu'ils ſe donnent pour la converſion de ces Barbares, mais ſeulement ſur les peuples infidéles que les Miſſionnaires Jeſuites civiliſent, inſtruiſent & bâtiſent dans les ſept Provinces qu'ils ont dans les Indes Occidentales, & je ſuis aſſuré qu'en comparant cette augmentation avec la diminution dont on fait tant de bruit, on trouvera qu'elle la compenſe en très-grande partie, ſi ce n'eſt dans le tout; car la ſeule Province de la nouvelle Eſpagne occupe, pour l'inſtruction des Néophites, des Cathécumenes & des Gentils, cent & quarante quatre

Missions que dirigent les Jésuites.

Missionnaires, dont les occupations sont si grandes, qu'ils ne cessent point de demander tous les jours de nouveaux compagnons pour les aider dans leurs travaux, & ce n'est pas sans raison, puisqu'ils ont sous leur direction plus de quatre cent & vingt Colonies nombreuses, & plus de cinq cens mille ames à instruire dans les districts éloignés de *Cinaloa*, de *Topia*, de *Nayari*, des *Californies*, de *Sonòra Antigua*, &c. sans compter la *Nuèva Sonora* où l'on convertit tous les jours plusieurs milliers de Gentils, tant ces Peuples sont doux & dociles.

Je viens de voir dans la liste des Néophites & des Cathécumenes que nôtre Compagnie dirige dans les Missions des Philippines, qu'elle avoit en 1739. 173938 ames sous sa conduite, & le nombre en augmente tous les jours. Que le lecteur joigne à ces Missions celles qui sont repanduës dans l'Amérique Septentrionale & dans l'Amérique Méridionale, que je passe sous silence pour abréger, & il verra que le nombre des Chrétiens ne diminue pas si fort que quelques uns le pensent.

A l'égard des choses que Messieurs de Laet, Noblot & quelques autres ont puisées dans les Historiens Espagnols, il est bon d'observer que ces derniers n'ont pas tous été témoins des faits qu'ils rapportent, & que s'ils l'ont été des uns, ils n'ont pû l'être des autres, & de là vient qu'ils se sont fiés en grande partie à des Journaux & des rélations anonymes. D'autres ont écrit ce qu'ils avoient oüi dire, & se sont servis la plûpart du tems des Actes qui avoient été dressés à l'occasion des démêlés survenus dans le nouveau monde; or on ne sauroit ajoûter foi aux choses que l'on ne sait que sur le rapport d'autrui, & qui se sont passées dans des païs éloignés, surtout lorsqu'elles sont rapportées dans des Actes & des Journaux, & l'on ne sçauroit examiner avec trop de soin le caracté-

On ne sauroit examiner trop scrupuleusement les rélatiõs, sur tout les Journaux.

re de ceux qui écrivent. Je ne prétends pas au reste diminuer l'autorité ni le crédit de notre Historien Herrera & de quelques autres, qui avoient assez de jugement pour discerner la qualité des papiers dont ils se sont servis ; mais comme il y auroit de l'imprudence à ajoûter foi à tout ce qu'on rapporte aujourd'hui de l'Amérique, sur tout lorsqu'il s'agit de procès de dénonciations & d'accusations, il y en auroit de même à croire tout ce qu'on dit de ces premiers établissemens, vû les procès, les dissentions & les débats dont ils ont été accompagnés & qu'on peut voir dans Herrera & dans les autres Historiens, & l'on peut croire sans témérité que les deux partis ont employé dans leurs accusations & leurs défenses, les hyperboles, les amplifications & les autres figures de Réthorique qu'ils ont jugées à propos pour exagerer l'avidité, l'avarice, la cruauté, la tyrannie & les excès des conquérans envers les pauvres Indiens, vices que les étrangers reprochent aux Espagnols, pour noircir leur conduite & les rendre odieux aux autres Nations, quoiqu'il y ait lieu de croire que quelques-uns furent taxés de crimes infiniment plus grands que ne l'étoient ceux qu'ils avoient commis. Ce qu'il y a de vrai est, que les coupables furent rigoureusement châtiés, ce qui suffit pour disculper les Espagnols du reproche qu'on leur a fait, & pour apprendre à toute l'Europe que nos loix n'autorisent point ces sortes d'excés.

Voici un trait qui suffit pour disculper les Espagnols du vice de cruauté dont on a voulu les noircir. Don François de Tolede, Viceroi du Pérou ayant détruit toute la Race royale des *Incas* s'attendoit d'être élevé aux premiéres dignités de l'Etat, à son retour en Espagne, il fut mal reçû du Roi Philippe, qui lui dit d'un ton aigre de se retirer dans sa maison, & qu'il ne l'avoit pas choisi pour être le Bourreau des Rois, mais pour les servir. Ces paroles furent comme un coup de foudre & lui causerent un si grand serrement de coeur, qu'il en mourut en peu de jours.

Que seroit devenuë la réputation que Ferdinand Cortés s'est acquise dans le monde, si Pamphile de Narvaez fût venu à bout de le prendre, comme il se l'étoit proposé, & qu'après l'avoir chargé de chaînes, il eût fait le procès à cet homme supérieur à soi-même, & infiniment plus grand que les actions Héroïques ? Si ce procès eût eu lieu, & que les actes s'en fussent répandus en Europe, les plus belles actions de ce Héros passeroient aujourd'hui pour des crimes, des cruautés & des tyrannies. Ces refléxions supposées, je vais prouver d'une manière incontestable, que la diminution des Indiens n'a pû venir d'aucune des causes qu'on a alléguées.

Eloge de Ferdinand Cortés.

CHAPITRE LI.

On réfute les causes alléguées & l'on prouve qu'elles n'ont point contribué à la diminution des Indiens.

ON prétend d'abord que la diminution des Indiens vient du grand nombre qu'il en périt dans la conquête de l'Amérique ; mais cela ne peut être, premiérement, parce que toutes ces nations étoient continuellement en guerre les unes contre les autres, & ne se faisoient aucun quartier, destinant les prisonniers qu'elles faisoient, les uns à être sacrifiés aux Idoles, & les autres à servir de mets dans leurs festins, & cependant elles ne se sont point éteintes. En second lieu, on n'a qu'à jetter les yeux sur les anciens Royaumes, on en verra peu qui n'ayent été bouleversés

Les Guerres ne peuvent point diminuer autant l'espéce qu'on le prétend.

& saccagés par le fer & par le feu, & cependant ni l'Europe ni l'Asie n'ont jamais manqué d'habitans, & ne se sont point dépeuplées, d'où il suit que cette cause n'a point contribué à la dépeuplation de l'Amérique. Virgile parlant de cet arbre simbolique, qui étoit sur la route des champs Elisées, dit, qu'à mesure qu'on en coupoit une branche, il en renaissoit aussi-tôt une autre : (a) *Avulso uno, non deficit alter* : l'arbre repoussera toûjours, pourvû qu'on ne le déracine point.

Du tems de Matathias, pere des Macabées, il paroissoit que la Nation Juïve ne tenoit plus qu'à un filet, & qu'elle alloit être entierement détruite, cependant elle s'acerût à un tel point, que ni Vespasien, ni les autres Empereurs Romains qui vinrent après lui, ne pûrent venir à bout de l'anéantir ; ils lui couperent une infinité de branches, mais le tronc en a poussé de

(a) Virg. Æneid. Lib. 4.

nouvelles, qui sont aujourd'hui répanduës dans tout l'Univers. Il s'ensuit donc que la guerre est une cause insuffisante pour le cas dont nous parlons, outre qu'il est faux que toutes les Provinces connuës de l'Amérique ayent été conquises par les armes; il y en eut plusieurs qui se rendirent volontairement après que leur Capitale eut été prise.

La seconde cause de cette diminution est, suivant quelques Auteurs, le travail personnel que l'on impose aux Indiens. Mais cette cause y a encore moins contribué que la précédente. Premiérement, parce qu'en supposant, ce qui est faux, savoir, qu'on assujettît les Indiens à des travaux qui surpassoient leurs forces, Ferdinand & Isabelle n'en furent pas plutôt informés, qu'ils les reglerent & donnerent là dessus des loix pleines de piété & d'humanité, auxquelles les Rois d'Espagne se font un devoir de se conformer.

La seconde cause ne suffit pas non plus.

En second lieu, parce que les

Gouverneurs Espagnols, dont on exagere si fort la cruauté, étoient des hommes raisonnables; or la raison leur disoit (je veux pour un moment que la cupidité leur eût fait oublier qu'ils étoient Chrétiens) qu'ils ne devoient point opprimer les Indiens qui leur étoient soûmis, & dont les tributs les faisoient subsister, le Roi les leur ayant accordés pour les dédommager des peines qu'ils s'étoient données pour pacifier le nouveau monde; la seule lumiére de la raison, suffisoit dis-je, pour leur faire faire le raisonnement que voici: le tribut, ou le travail personnel des Indiens qui me sont soûmis, est la seule récompense que j'aye à attendre de mes peines & de mes travaux; or si je les opprime & les fais périr, je n'aurai plus de fonds pour subsister: je dois donc en prendre soin, pour en tirer le profit que j'attends. Quelques-uns, il est vrai, ne firent point ce raisonnement, mais aussi furent-ils sévérement punis des excès qu'ils avoient commis.

La troisiéme cause de la diminution des Indiens est, dit-on, le travail qu'on leur fait faire dans les Mines d'or & d'argent ; mais cette cause est aussi insuffisante que les autres, car, premiérement, on employe aujourd'hui à ce travail une grande quantité de Négres libres, de Métis, de Mulatres & de journaliers, & il y a même des Européens, qui prenent la barre, & qui gagnent leurs quatre Réaux de plate par jour, tant dans les Mines du Pérou, que dans celles de la nouvelle Espagne, avec lesquels ils entretiennent leur femmes & leurs enfans, & tous ces gens-là vivent contens, & joüissent d'une santé parfaite. Les étrangers croyent-ils qu'on fasse travailler les Indiens *gratis*, & que ce travail soit insuportable ? Ils gagnent trois Réaux de plate par jour, ce qui suffit, vû le peu de dépense qu'ils font, pour s'entretenir, & pour faire quelques épargnes. Ils gagnent quatre Réaux

Le travail n'est pas aussi grand qu'on se l'imagine.

par jour dans la nouvelle Espagne, (a) & ceux qui entendent le travail, & qui savent suivre les veines du métal, outre leurs quatre Réaux, ont encore leur *Pepita*, qui est une quantité de métal choisi, qui vaut quelquefois dix Réaux de huit. Ceux qui servent dans une *Tanda*, comme on l'apelle dans la nouvelle Espagne, ou dans la *Mita*, comme on l'apelle au Pérou, ne travaillent que lorsque leur tour est venu, & ont tout le tems nécessaire pour se reposer; on ne les traite point comme des forçats, & lorsque quelqu'un ne peut ou ne veut point travailler, on ne l'y force point, pourvû qu'il mette un Indien à sa place. A l'égard des Mines de la Terre-Ferme, comme sont celles de *Choco*, d'*Antioquia*, de *Barbacoas*, &c. elles ne sont exploitées que par des esclaves Négres, & ceux-ci, quoique esclaves, ne laissent pas de vivre & de se marier pour perpetuer leur

―――――――――――――――
(a) Histor. Cinaloa. Lib. 8. cap. 3.

espèce ; d'où l'on voit que le travail des Mines ne contribuë en rien à la diminution des Indiens.

On me répondra que ceux-ci sont moins forts que les Négres, & moins propres au travail que les journaliers dont j'ai parlé ci-dessus ; ce qui est cause qu'ils dépérissent & qu'ils meurent, & que cela paroît par la diminution des Peuples qui vont aux *Tandas* & aux *Mitas* des Mines.

J'accorde, comme j'ai déja fait, cette diminution chez les Peuples qui vont travailler aux Mines lorsque leur tour est venu ; mais je nie qu'elle provienne du travail qu'ils y font, & le mal ne vient ni du travail des Mines, ni de la foiblesse de ceux qui y sont employés. Ce dommage, quel qu'il puisse être, & il s'en faut beaucoup qu'il soit aussi grand qu'on l'imagine, ni qu'il soit capable de causer la diminution qu'on apperçoit communément chez les Indiens, vient de la mauvaise conduite, & de la mauvaise œconomie des Indiens qui travaillent aux Mines, la plûpart étant mal vêtus, & n'ayant pas soin de se garantir des injures de l'air. Ils dépensent le Dimanche ce qu'ils ont gagné pendant toute la semaine, ne faisant que manger, boire & danser toute la journée, & il arrive qu'après avoir dépensé tout leur argent, ils sont obligés de travailler toute la semaine, & de se contenter d'une fort mauvaise nourriture. Il paroît qu'ils devroient se ménager, & mettre quelque chose à côté, mais rien moins que cela : la plûpart s'endettent pour survenir à leurs folles dépenses, soit avec le maître de la Mine, soit avec ceux qui vendent du vin, de l'eau de vie & des viandes, d'où il arrive que le Mineur les oblige par voye de Justice ou à lui payer ce qu'il leur a avancé, ou à travailler jusqu'à ce qu'ils ayent acquitté leurs dettes, & comme ils s'endettent toujours de plus en plus, & qu'ils se trouvent à la fin hors d'état de satisfaire leurs engagemens, il en meurt plu-

<small>Mauvaise œconomie des Indiés employés aux Mines.</small>

sieurs, & il en passe un plus grand nombre dans les Provinces éloignées. Ceux même, qui ne sont point endettés prévoyant, lorsqu'ils retournent chez eux, qu'ils ne trouveront point de récolte, & que leurs femmes auront emprunté pour subsister, craignant d'être mal reçus, s'éxilent volontairement, & c'est là la vraye cause de la diminution de ces Colonies, & non point les Mines, le travail & la foiblesse des Indiens. Je ne dis point ceci par aucun mouvement de pitié, je ne fais que rapporter ce qui se passe & ce que je sai; & cette vérité paroît encore plus chez les Peuples de *Juli*, qui sont sous la direction des Péres de la Compagnie de Jesus, & qui travaillent assidûment aux Mines, ce qui ne les empêche pas d'augmenter considerablement tous les jours, comme tout le monde sait, & que cela paroît par le Mémoire que l'Audience Royale de *Chuquisaca* a envoyé à Sa Majesté sur le sujet que nous traitons.

Les Indiens de Juli vont travailler aux Mines, & ne laissent pas d'augmenter.

Puis donc que les Indiens de tous les Corregimens vont aux Mines, & que ceux de *Juli* y vont aussi, qu'est-ce qui peut occasionner une différence si remarquable? Le bon ordre : car comme l'on connoit le défaut des Indiens, on les traite comme des pupilles, on leur donne des habits pour changer, & des vivres pour leur voyage; on leur donne un Inspecteur qui a soin de les contenir, & pendant qu'ils sont aux Mines, ils entretiennent du gain qu'ils font en commun leurs femmes & leurs enfans. Elles tiennent leurs champs prêts, & lorsqu'ils sont sur le point de revenir, on envoye un homme qui acquitte leurs dettes, & qui les ramene chez eux; est-il surprenant après cela que les Indiens de *Juli* augmentent au lieu de diminuer, malgré l'obligation où ils sont de travailler aux Mines.

La troisiéme cause qu'on allegue de la diminution des Indiens sont la petite vérole & les maladies contagieuses qui se sont introduites dans l'Amérique depuis sa conquête, & ce sentiment est reçû des Auteurs Espagnols. Je n'ignore point que ces fléaux ont causé bien de fois du ravage dans les Indes, témoin la contagion qu'apporta dans le Pérou en 1719 le Navire appellé *Le Lion Franc*, laquelle, outre une quantité innombrable d'Espagnols & de Métis, fit périr deux cent mille Indiens : on peut y joindre la petite vérole qui fit tant de ravage au Perou en 1588, la peste qui ravagea en 1597 la nouvelle Espagne ; & plusieurs autres qui ont fait périr une infinité de monde dans la Terre-Ferme & dans le nouveau Royaume, & que le Pere Gregoire Garcia, (*a*) dans son traité de l'origine des Indiens, (*b*) attribuë à leur peu de foi, & à un

La troisiéme cause qu'on allegue est insuffisante.

(*a*) Lib. 3. cap. 2. §. 3. M. Fr. Gregorio Garcia.
(*b*) Herrera Decad. 5. Lib. 5. cap. 11. F. Bartolome de Las Casas, Ep. Chiap. in Relat. Gomara 1. Part. Hist. Indiar. Torquemad. Lib. 17. cap. 18. & alii plures.

châtiment visible du Ciel, à cause de leur idolâtrie. Je sai que tous ces fleaux ont contribué à la diminution des Américains, mais en avoüant, par un sentiment de Réligion que Dieu ait voulu châtier par là l'idolâtrie des *Peruviens* & des habitans de la nouvelle Espagne, je prétens en même tems qu'ils n'ont pas été suffisans pour occasionner la disete d'habitans dont on se plaint. J'ai dit que c'étoit un sentiment pieux que de regarder ces fleaux comme un châtiment de l'idolâtrie de ces Peuples, parce que nous voyons plusieurs Provinces où ils ont regné, qui n'ont jamais connu ce crime,

Combié la foi fleurit chez les Indiens.

& qu'il y a des Peuples où, à la honte des Européens, la foi fleurit dans toute sa vigueur, qui ont essuyé plusieurs fois des contagions & des maladies épidemiques, ce qu'on ne sauroit regarder comme un châtiment de leur idolâtrie, puisqu'ils ne l'ont jamais connuë, ni de leur peu de foi, puisque par la miséricorde de Dieu, elle fleurit

& fructifie dans ces Provinces.

Ce que je dis est confirmé par le ravage que causent parmi les enfans de nos Missions les maladies épidemiques; car les Peres Procureurs de la Province du *Paraguay* me marquent qu'en 1738. il y mourut plus de six mille enfans, & il est dit dans une lettre qu'ils écrivirent à Madrid, & qui a été renduë publique, qu'en 1741. on comptoit déja dix-huit mille enfans de morts dans ces Missions. Le Pere Manuel Roman Superieur des Missions de l'*Orénoque*, me marque dans une lettre dattée de l'année derniére 1741, qu'il s'étoit repandu dans le Païs, à commencer de la Côte, une petite verole, qui avoit emporté presque tous les enfans de ces Missions, & ce sont-là les prémices du fruit que nous esperons de ces Nations. Or quel manque de foi, quelle idolatrie, & quels péchés Dieu a-t'il châtié dans ces créatures innocentes ? Convenons donc que le divin Laboureur est le Maître absolu de sa

Dieu tire un grand nombre d'enfans à lui quand il lui plaît.

Vigne, & que lorsqu'il lui plaît, il emporte par une gêlée le fruit qu'il n'a pas jugé à propos de reserver pour la vendange de l'arriére saison.

Dieu se sert de la contagió pour châtier les pécheurs.

Ceux qui regardent les pestes & les maladies contagieuses comme un châtiment du peu de foi des Indiens, n'avancent rien qui ne soit fondé, & personne n'ignore que Dieu s'est servi de ce moyen pour punir le peuple Juif, qu'il avoit averti par ses Prophêtes, aussi bien que plusieurs Royaumes chrétiens ; mais il est certain aussi qu'il s'est servi de ces fléaux dans d'autres vûës, qui ne sont connuës que de sa Providence, sans qu'on puisse les attribuer au défaut de foi, ni à la grandeur des péchés. Dieu, en affligeant le St. homme Job, vouloit nous donner un modéle de patience, c'est tout ce qu'il se proposoit dans les playes dont il l'affligea, quoi que ses amis, qui étoient témoins de ses vertus héroïques, les regardassent comme un châtiment. Le malheur qu'il

Aussi bien que pour d'autres motifs.

envoya à Tobie, les playes, les travaux & les persécutions dont il affligea David, en faisant éclater la patience de l'un & la douceur de l'autre, nous instruisent de ce que nous devons pratiquer dans de semblables circonstances. Les Barbares insulaires de Malte étoient dans l'erreur, lorsqu'ils dirent en voyant la vipére penduë à la main de St. Paul : il faut que cet homme soit un homicide : à peine est-il échapé du naufrage, que Dieu lui envoye un autre châtiment.

Les Prêtres de l'ancienne loi prétendirent que l'aveugle à qui J. C. avoit rendu la vûë, étoit couvert de péchés depuis les pieds jusqu'à la tête, parce qu'il étoit né dans cet état : *in peccatis natus es totus*. Les Apôtres étoient aussi dans la même opinion : *Quis peccavit hic, an parentes ejus ?* ce qui les embarrassoit étoit de savoir si cet homme avoit été châtié pour ses péchés, ou pour ceux de ses parens. Dans cette occasion le Divin Maître instruisit d'abord ses Disciples ;

Témoignage de J. C. sur ce sujet.

ouvrit ensuite les yeux de l'aveugle, & les nôtres en même tems, pour que nous vissions que, ni l'aveugle ni ses parens n'avoient commis aucun péché, & que si Dieu l'avoit fait naître aveugle, ce n'avoit point été à dessein de le châtier, mais afin que les œuvres de sa puissance éclatassent en lui.

Dieu se sert pour arriver à ses fins de moyens qui paroissent quelque fois opposés.

Dans les occasions même où l'Être Suprême concourt comme Auteur de la nature, nous voyons, que pour que la récolte soit abondante, il employe non seulement la fraicheur du Printems, mais encore la chaleur brûlante de l'Eté & le froid rigoureux de l'Hiver, moyens, qui à la première vûë paroissoient opposés à la fin qu'il se propose. On ne doit donc pas conclurre que le manque de foi des Indiens soit la cause des pestes & des maladies contagieuses qui les affligent, puis que nous voyons qu'elles exercent leur fureur sur les Espagnols, de la foi desquels on n'a jamais douté.

La contagionne

Ajoutez à cela, que les pestes, quoique repetées, & les autres maladies, ne suffisent pas toutes seules pour diminuer si considerablement le nombre des Américains, comme je l'ai déja dit, quoiqu'il soit vrai de dire que lorsqu'elles continuent dans toute leur force, elles sont capables de dépeupler le nouveau continent, ou telle autre partie du monde que ce puisse être, & la raison de cela est fondée sur l'expérience même; car si ces fleaux suffisoient pour cet effet, il y a déja long-tems que la Hongrie, la Bosnie & les autres Provinces voisines de Constantinople seroient entiérement dépeuplées: on ne trouveroit pas le moindre vestige d'hommes dans les Royaumes d'Alger, de Tunis, de Tanger, ni sur toutes les côtes de la Barbarie, tant ces païs sont sujets à la contagion. Il faut donc convenir que la peste toute seule ne sauroit occasionner la diminution des peuples dont nous parlons, & il y a tout lieu de croire qu'elle vient de quelque autre cause qu'on ignore, peut détruire un roïaume qu'autant qu'elle dure.

Enfin on attribuë la diminution

Quatriéme cause, les Tributs & les Corvées. dont nous parlons aux tributs & aux corvées auxquelles les Indiens sont assujettis, & cette cause, selon moi, suffit si peu pour l'effet en question, que je l'aurois passée sous silence, n'étoit que beaucoup d'étrangers & d'Espagnols l'admettent, faute de savoir les loix qu'on a faites en faveur des Indiens, & qui ne peuvent être ni plus charitables ni plus douces. Il conste par ces loix que les Rois d'Espagne (a) regardent les Amériquains comme des pupiles, & comme des mineurs, & de-là vient que le Roi entretient dans chaque Audience Royale du Nouveau monde un Fiscal savant & timoré, lequel sans recevoir aucune gratification des Indiens, prend en main leur défense, les maintient dans leurs priviléges, & les met à couvert des torts & des injustices qu'on pourroit leur faire.

Charité des Rois d'Espagne envers les Indiens. J'ai déja dit qu'on remédia aux abus que l'on commettoit par rapport au travail qu'on imposoit aux

(a) Herrera Decad. 1. Lib. 4.

Indiens, dès qu'on en eut connoissance; & j'ajoûterai que dans la suite nos Rois ont porté la charité jusqu'à l'abolir entiérement. Quant à l'hommage qu'on rend au Souverain en lui payant tribut, quels peuples y a-t'il en Europe qui n'en payent point de semblable à leurs Princes? Je me trompe, lorsque j'employe le mot de *semblable*, car (sans vouloir faire injure à qui que ce soit) j'ose assurer que le tribut annuel que payent les Indiens est fort different de celui que payent généralement les Européens, & que ceux-ci seroient fort heureux si en payant ce que payent les Américains, on les exemptoit de tous les autres impôts, & on ne les obligeoit qu'à une légére contribution proportionnée à la fertilité ou à la pauvreté du Païs, & à la nature des fruits qu'il produit. On n'oblige pas même les Indiens à donner les deux ou quatre écus qu'on exige d'eux en monnoye effective, & les Corregidors sont tenus de les recevoir en fruits, ou

Le tribut que payent les Indiens est fort moderé.

denrées que la terre produit, ou qui ont cours dans le Païs. Ce tribut tourne même à l'avantage des Indiens; car quoi qu'il entre dans les coffres du Roi, on a soin d'en prendre d'abord ce qu'il faut pour l'honoraire du Curé qui est affecté à chaque Colonie, & au cas qu'il ne suffise pas, comme cela arrive dans plusieurs endroits, le Roi y supplée de son trésor. Ceci n'a lieu que par rapport aux Curés qui ont un Collateur, car dans toutes les Missions où les Indiens ne payent point de tribut, à cause qu'ils ne sont pas encore domestiqués, & ces Missions sont sans nombre, le Roi entretient tous les Missionnaires à ses dépens, ce qui est une si grande générosité, que je ne trouve point de termes pour la loüer dignement.

Ce tribut sert à l'entretien des Curés.

Le Roi entretiét les Missionnaires à ses dépens.

Pour satisfaire les Auteurs qui tiennent pour l'opinion contraire, je vais appuier le sentiment que j'ai avancé sur cette matiére de toutes les raisons qui me paroissent propres à en faire voir la solidité ; & quoi que ce que je viens de dire me paroisse suffisant pour terminer la controverse, je veux supposer pour un moment que le joug qu'on impose aux Indiens soit aussi fort & aussi pésant que celui que Salomon avoit imposé aux Hébreux, & dont ils se plaignoient à Roboam. En admettant cette supposition, je dis que le poids du tribut peut troubler un Royaume, chagriner les sujets, & leur rendre la vie amere, mais qu'à moins qu'il ne s'y joigne quelque autre cause, il ne suffit pas pour diminuer le nombre des sujets. Pharaon Roi d'Egypte, non-seulement opprimoit les Hébreux, mais il travailloit encore à diminuer leur nombre ; & cependant nous voyons dans l'Ecriture, que plus il les surchargeoit, & plus leur nombre augmentoit. Je sai que c'étoit là l'ouvrage du Tout-Puissant, & qu'il accomplissoit en cela la promesse qu'il avoit faite à Abraham, de rendre sa Postérité aussi nombreuse que les étoiles du Ciel &

Le joug qu'on imagine ne suffit pas pour diminuer le nombre des habitans.

Exéples qui le prouvét.

le sable de la Mer ; mais Dieu n'avoit point fait une pareille promesse ni aux Gabaonites, qui tromperent Josué, ni aux autres Juges d'Israël, cependant ils se multiplierent malgré l'oppression sous laquelle ils gémissoient ; car Josué se voyant trompé par les Gabaonites, il leur accorda la vie, mais il les assujettit à toutes sortes d'œuvres serviles, & les accabla de travail, comme on le voit dans l'Ecriture, ce qui n'empêcha pas qu'ils ne s'accrûssent considerablement. Il s'ensuit donc que la servitude toute seule, pour grande qu'elle soit, ne suffit point pour diminuer une Nation.

On côfirme ce qu'on a avancé.

Quel plus grand esclavage peut-on imaginer que celui des malheureux Juifs, lesquels sont bannis de leur Patrie, & même de tout le monde, puis qu'ils ne possedent ni Villes ni terreins, dispersés sur la face de la terre, méprisés, opprimés & chargés de tributs en châtiment du déicide que leurs ancêtres ont commis par ignorance ? Un pareil châtiment fait horreur, quoi qu'ils l'ayent merité, & cependant au lieu de diminuer, leur nombre augmente tous les jours, & quoiqu'abandonnés de la main de Dieu, ils s'accroiſſent au lieu de s'affoiblir, parce que Dieu laiſſe agir les cauſes ſecondes, & ne leur refuſe point ſon ſecours.

Il ſuit de ce qui précede, que ni les guerres, ni le travail perſonnel, ni les peſtes, ni les tributs, ni l'oppreſſion, pourvû qu'elles ne ſoient point exceſſives, ne ſauroient diminuer conſiderablement les Nations, car ſi cela étoit nôtre Continent ſeroit preſque dépeuplé, & il n'y auroit plus ni Hongrois, ni Turcs, ni Mores, ni Juifs, ni aucun autre Peuple, des calamités deſquels on a fait mention. Il eſt vrai que ſi ces fleaux ſubſiſtoient long-tems, ou s'ils augmentoient à un point extraordinaire, à l'occaſion de quelques circonſtances, ils détruiroient les Nations, ou les affoibliroient conſiderablement; mais comme Dieu a pitié des hommes, & que ſa colere eſt toûjours temperée par sa miséricorde, il ne porte pas son indignation au-delà des bornes que son amour Paternel lui dicte.

CHAPITRE LII.

On répond à une objection qu'on a faite à ce qu'on a avancé, & l'on indique la véritable cause de la diminution des Américains.

JE prévois qu'on va m'opposer un argument de fait, dont la force paroît insurmontable, puisqu'il consiste uniquement à exposer à nôtre vûë les Isles de *Barlovento*, ou *Antilles*, savoir, la *Havane*, ou *Cuba*, l'Isle *Espagnole*, ou de *S. Domingue*, celle de *Porto-Rica*, la *Jamaïque*, la *Martinique* &c. dans lesquelles le manque total d'Indiens, le carnage qu'on en a fait, & la désolation dans laquelle ils vivent, prouve évidem-

<small>Les Isles de Barlovento sont dépeuplées.</small>

ment que quelqu'une des quatre causes qu'on a assignées, ou toutes les quatre ensemble, ont anéanti les Indiens qui habitoient ces Isles, sans qu'on puisse éluder la force de cette démonstration. Je réponds à cela, que comme je suis convenu de la diminution des Indiens dans les Provinces de la *Terre-Ferme*, du *Perou* & de la nouvelle *Espagne*, j'accorderai de même la disette d'Indiens dans les Isles que je viens de nommer, à l'exception des trois dont les *Caribes* sont en possession ; & comme j'ai déja accordé que ces quatre causes ont pû contribuer à cette diminution, comme des causes nécessaires qui se joignirent aux autres, sans qu'elles ayent pû suffire elles seules, j'accorde & je dis la même chose des Indiens insulaires en question, savoir qu'il faut nécessairement que d'autres causes plus efficaces que les quatre précedentes, ayent concouru, pour produire un effet aussi extraordinaire que l'est la ruine totale de nos insulaires.

On accorde la disette totale d'Indiens dans ces Isles.

En voici la raison, qui, suivant moi est sans réplique. Pour la bien comprendre, jettons les yeux sur les Amalécites, nation si étenduë & si nombreuse, qu'elle fut en état de résister & de disputer le passage au peuple presqu'innombrable d'Israël, & voyons aussi toute la colere de Dieu déployée contre Amalec dans l'ordre redoutable qu'il donna au Roi Saul: Allez lui dit-il, (a) marchez contre Amalec, taillez-le en piéces, & détruisez tout ce qui est à lui. Ne lui pardonnez point, & tuez tout, depuis l'homme jusqu'à la femme, jusqu'aux petits enfans, & ceux qui sont encore à la mamelle, jusqu'aux bœufs, aux brebis, aux chameaux & aux anes; détruisez ses villes jusqu'aux fondemens, & ne désirez rien de ce qui lui appartient, pour riche & prétieux qu'il soit, & que tout soit consumé par le feu. Décret épouvantable, & que Saül executa avec

Comparaison qui sert à établir la premiere cause.

_____

(a) 1. Regum cap. 14. vers. 48. & cap. 15. v. 2. &c.

tant

DE L'ORENOQUE. 313

tant de rigueur, qu'il n'épargna que le seul Roi Agag, pour qu'il déplorât sa disgrace & celle de son Royaume. Il réserva aussi ce qu'il y avoit de meilleur dans les troupeaux, dans les meubles & les habits, quoique Dieu le lui eût expressément défendu, ce qui déplût si fort au Seigneur, qu'il priva Saül de son Royaume, & le malheureux Agag fut coupé par morceaux sur l'heure même. Il paroît donc que la Nation Amalécite fut détruite comme aucune Nation ne l'a jamais été. Je passe sous silence les autres peuples que Dieu détruisit par la main de Josué dans la terre promise, pour les châtier de leurs crimes. Cependant l'heure de la mort de Saül arrive, il se jette sur la pointe de son épée, & comme il ne pouvoit mourir, il se retourne, & apperçoit un homme à qui il demande qui il est ? Je suis Amalécite, lui répond-il : *Amalécites ego sum*. Comment peux-tu être Amalécite, puisque lorsque ta Nation a été détruite, Agag seul qui

III. *Partie.*   O

avoit sauvé sa vie, a été depuis coupé par morceaux ? Il en donne la raison : *Filius hominis advena Amalecita ego sum*, je suis fils d'un étranger, d'un Amalecite, ce qui revient au même que s'il eût dit : il est vrai, Saül, que la guerre que tu nous as faite, a détruit comme un feu dévorant tous les hommes de ma Nation, mais plusieurs, tant hommes que femmes, ont cherché leur salut dans la fuite, & je suis fils d'une de ces familles qui s'éxilérent de leur patrie : *Filius hominis advena*, &c.

Premiére cause, la fuite volontaire.

Comme donc une riviére ne sauroit tarir, quelque quantité d'eau qu'on en tire, tant que sa source subsiste, de même, tant qu'il reste dans une Nation des hommes & des femmes, quand le nombre en seroit aussi petit que celui des huit personnes qui composoient toute la famille de Noé, lorsqu'il entra dans l'Arche, tant, dis-je, que cette source de nouvelles générations subsistera, il est impossible qu'une Nation s'anéantisse. Elle

Autre comparaison.

pourra diminuer, je l'avouë, mais tant que la source subsistera, il peut arriver, & il arrive en effet, que le lit inférieur de la riviére reste sans une goute d'eau, parce qu'en la saignant près de sa source pour qu'elle arrose les campagnes, le terrein où elle couloit reste entiérement à sec; mais on ne peut pas dire que l'eau manque, elle a seulement pris une route opposée. C'est-là justement l'image de ce qui s'est passé par rapport aux Amalécites & aux Indiens de *Cuba* & des autres Isles Antilles, & en gardant la proportion réquise, par rapport aux Indiens de la nouvelle Espagne, du Pérou & de la Terre-Ferme : les guerres ni les pestes ne les ont point détruits dans un endroit, ni n'ont point diminué leur nombre dans un autre, ces fléaux ont contribué à leur diminution, les ayant obligés de se transporter dans des païs éloignés pour s'en garentir, & en effet on voit de nôtre tems des familles qui s'absentent à l'occasion des dettes

Motifs qui obligent les Indiens à s'absenter.

qu'elles ont contractées, d'autres qui s'éxilent à cause de leurs querelles personnelles, ou par crainte du poison, & d'autres par un effet de leur paresse naturelle, & c'est-là la principale cause de la disette des Indiens dans les Isles susdites, & de leur diminution dans les Royaumes de l'Amérique.

Seconde cause principale de la décadece des Indiens.

La seconde cause principale est telle, que peu de gens y ont pensé; & si je ne la connoissois certainement, & que je n'eusse point trouvé d'autres Missionnaires qui l'ont connuë, sans avoir le moindre doute sur ce sujet, je ne me hazarderois point à la publier. Je suis cependant obligé de le faire, pour sauver l'honneur de ma Nation, & pour apprendre à tout le monde que le manque total d'Indiens dans les Isles dont j'ai parlé, & la diminution des autres Américains, ne viennent point de la rigueur des Espagnols, mais du génie extraordinaire des Indiens, aux résolutions desquels je ne nie point que quelque Espagnol ne puisse avoir donné lieu, comme je l'ai dit plus haut, mais le mal a des racines plus profondes.

Avant de passer plus avant, je suis bien aise de rappeller au lecteur la conduite insensée de Pharaon, & le Décret inhumain (*a*) qu'il avoit donné pour diminuer le nombre des Hébreux dans son Royaume, ordonnant aux sages femmes de faire mourir tous les enfans mâles qui naîtroient, & de ne laisser vivre que les filles. Ce Prince étoit dans l'erreur, c'étoit contre les filles qu'il devoit donner ce cruel Décret, puisque devenant meres, elles servoient à perpetuer l'espéce; car, comme je l'ai dit ci-dessus, une riviére ne sauroit tarir, tant que sa source subsiste, de même qu'un arbre subsiste toûjours, pour grand que soit le nombre des branches qu'on en coupe, tant que ses racines restent en terre.

Les femmes de l'Amérique employent un moyen infiniment plus sûr pour parvenir à cette fin détes-

(*a*) Exod. cap. 1. vers. 15. & 16.

table, soit qu'il leur ait été dicté par leur mélancolie, ou par le chagrin qu'elles ont de voir leur païs occupé par des étrangers, soit, comme quelques-unes le disent, pour ne point mettre des enfans au monde pour les étrangers. Quoiqu'il en soit, il est constant qu'un grand nombre d'Indiennes se rendent stériles par l'usage de certaines herbes & de certaines boissons. Je dis un grand nombre, parce que si toutes tenoient cette conduite, il y a déja long tems que l'Amérique seroit entiérement dépeuplée. Toutes n'employent pas ce moyen, & la preuve en est, qu'il y a plusieurs Provinces, & nommément les Philippines, où le nombre des Indiens est infini. J'ai dit que plusieurs étoient dans le cas, parce que j'en ai la preuve en main, & dès qu'on est assuré que la chose s'est passée dans une Province, on peut en conclure sans témérité qu'elle est arrivée dans d'autres, où le même motif subsiste.

Résolution cruelle des femmes des Indiens.

Il n'en est pas de même dans les Philippines.

Voici deux raisons qui ne permettent point de douter que la stérilité des Indiennes ne soit volontaire. On les trouve d'autant plus convaincantes, qu'on les examine avec plus d'attention. Je dis en premier lieu, que plusieurs personnes de jugement ont observé que dans les endroits où le nombre des Indiens diminuë visiblement, on trouve plusieurs femmes qui n'ont point d'enfans, & qui sont entiérement stériles, & ce sont celles qui sont mariées avec des Indiens. D'un autre côté, on voit dans les mêmes Cantons & dans les mêmes Colonies, que toutes les Indiennes mariées avec des Européens, des *Métis*, des *Quarterons*, des *Mulâtres*, des *Zambas*, & même avec des Négres, sont si fécondes, & mettent un si grand nombre d'enfans au monde, qu'elles ne le cedent point aux femmes Hebruës, qui avoient la posterité la plus nombreuse. Qui est-ce qui ne sera pas surpris d'une différence si remarquable entre des femmes qui habitent le même païs, & qui vivent

Deux raisons sur lesquelles on fonde ce sentiment.

Elles sont stériles lorsqu'elles se marient avec des Indiens, & pourquoi ?

dans le même climat ? Quelle peut être la cause de cet effet, & en quoi cette différence consiste-t'elle ? Je dis que de la différence naît la cause : la différence consiste en ce que si l'Indienne qui a épousé un Indien met des enfans au monde, ces enfans sont de basse condition, tombent dans le mépris, & s'abaissent jusqu'à servir les esclaves Négres, comme je l'ai déja dit, ils tombent dans l'abattement, par un effet de leur bassesse & de leur timidité naturelle, & sont obligés de payer un tribut, qui, bien que leger, ne laisse pas de leur être insupportable. Je ne veux point mettre de pareils enfans au monde, disent les Indiennes des Isles *Mariannes*, ou si elles se resolvent à en faire, ainsi que me l'a assuré le Pere Benoit de Moya, Missionnaire Capucin, de la Nation des *Guayànos*, elles se bornent à leur première couche, & prennent des herbes pour se rendre stériles. Il est certain que la stérilité volontaire, lors sur-tout qu'on se la procure par de semblables moyens, est un crime détestable contre la loi de Dieu, & extrêmement contraire au bien du genre humain : mais on ne peut nier qu'il n'y ait des maux qui par eux-mêmes, ou par la crainte qu'ils causent, ne soient infiniment plus grands que la stérilité, prise simplement comme telle, entant qu'elle nous prive d'enfans ; & c'est dans ce sens que J. C. dit aux filles de Jerusalem : lorsque le malheur que je vous prédis arrivera (*a*) on appellera heureuses les stériles, & les entrailles qui n'ont point porté d'enfans, & les mamelles qui n'en ont point nourri. C'est encore dans ce sens qu'Isaïe (*b*) excite les femmes stériles à loüer Dieu, & que l'Apôtre (*c*) exhorte celles des Galates à faire la même chose, parce qu'au tems de la tribulation elles ne sentiront que leur propre malheur, & n'auront point le chagrin de voir souffrir leurs enfans.

La crainte d'un mal en occasionne une infinité d'autres plus dangereux.

(*a*) Luc. cap. 23. vers. 29.
(*b*) Isai. cap. 54. vers. 21.
(*c*) Galat. cap. 4. vers. 21.

Pour revenir à mon sujet, il est constant que les femmes qui n'épousent point d'Indiens, & qui se marient à des hommes d'un rang supérieur, sont extrêmement fécondes, pour peu que leur mariage soit avantageux. Celles-ci multiplient avec la fécondité dont j'ai parlé, pour la raison contraire, savoir, parce que leurs enfans ne sont point réputés Indiens, & qu'ils ne sont pas mis au nombre des tributaires, parce qu'ils changent de couleur & de forme, & qu'ils sont plus estimés que les Indiens. On voit par l'Histoire des Isles *Mariannes* (*a*) que les familles Indiennes y étoient en si grand nombre, que quoi qu'elles ne soient pas d'une grande étenduë, il y avoit des Isles où l'on comptoit 180 Villages, & d'autres où il y en avoit 190, & cependant, comme me l'ont assuré les Procureurs Généraux [*a*] de la Province des Philippines, dont les *Mariannes*, dépen-

Les Indiennes qui ne se marient point avec les Indiens sont fécondes, & pourquoi.

(*a*) Histor. Marian. iu Vita. V. P. Sanvitores.

DE L'ORENOQUE.

dent, des quatorze Isles qu'elles contiennent, il n'y en a que deux d'habitées, & encore n'y compte-t'on que 2700 habitans, y compris les Soldats de la garnison, les *Métis*, & les *Quarterons* provenus des Soldats & des autres étrangers qui ont épousé des femmes du Païs, lesquelles sont extrêmement fécondes ; au lieu que celles qui se marient avec les Indiens sont stériles & n'ont presque point d'enfans. Pourquoi n'en sera-t'il pas de même des familles qui peuploient les Isles Antilles ? vû qu'il y a une différence remarquable entre celles des Antilles & celles des *Mariannes* : Premiérement, les familles des Isles Antilles furent assujetties par les armes, au lieu que celles des *Mariannes*, ne se sont renduës qu'aux lumiéres de la foi. En second lieu, les Indiens qui s'étoient révoltés dans les Isles de *Cuba* & d'*Hispaniola*, furent domptés par les armes, & subirent le

Les Isles de *Barlovento* avoient plus de motifs que celles des *Mariannes*.

(a) Les Peres Joseph Calbo, & Joseph Bejerana.

châtiment qu'ils avoient mérité. Dans les révoltes que les Chinois suſciterent dans les *Mariannes* à l'occaſion de leur fauſſe doctrine, les Eſpagnols ſe contenterent de ſe tenir ſur la défenſive, ne pouvant leur réſiſter à force ouverte ; de ſorte que tous ces troubles s'appaiſerent par l'entrémiſe des Miſſionnaires, & dans le cas où l'on fut obligé de les châtier, on en fut quitte pour faire périr les Chefs, & tous les autres ſe ſoûmirent ſans réſiſtance ; de ſorte que les habitans des *Mariannes* ont moins ſujet de haïr les Eſpagnols, que ceux de *Cuba* & de St. Domingue, qui ont été traités avec plus de rigueur que les autres, comme étant auteurs de la révolte. Si donc les prémiers, ayant ſi peu de motifs de ſe plaindre d'eux, ont dépeuplé douze de leurs Iſles au moyen de la ſtérilité à laquelle leurs femmes ſe ſont condamnées, pourquoi ceux des Iſles Antilles n'auront-ils pas fait la même choſe ; C'eſt-là une des cauſes de la diminution des Américains, laquelle est plus ou moins grande, selon que la Nation est plus ou moins féroce & opiniâtre; cependant elle n'est point universelle, puisque nous en voyons d'autres qui augmentent tous les jours, ainsi que je l'ai déja dit.

Cette diminution n'est pas la même chez tous les Indiens, & elle varie selon leur génie.

Une autre cause qui contribuë visiblement à la diminution des Indiens, est la fuite des familles, dont les unes se retirent dans des Païs lointains, souvent pour des sujets légitimes, & souvent aussi par des craintes mal fondées & par pure inconstance. C'est-là la cause principale du déchet des Indiens dans les Provinces de l'Amérique qui sont soûmises au Roi d'Espagne, sur tout dans les Isles Antilles, car je suis fortement persuadé que c'est de-là que les *Caribes* insulaires ont passé dans la Terre-Ferme de *Paria*, à *Ste. Marthe*, à *Cabo de Vela*, dans le *Golfe Triste*, à *Berbis*, *Corentin*, *Surinam*, sur la côte de *Cayene*, & sur l'*Orénoque*. Tous ces Païs sont habités par les *Caribes*, & ils y sont en

Seconde cause de la diminution des Indiens.

grand nombre, que ceux même qui l'ont vû ont peine à le croire.

Je vais finir ce Chapitre, pour ne point m'éloigner de la briéveté que je me suis prescrite en commençant cet Ouvrage. J'ajoûterai donc à la raison que j'ai alleguée ci-dessus, où j'ai établi la certitude de cette retraite par l'exemple des Amalécites, la raison suivante. Tout le monde sait que les Isles de *Barlovento* s'appelloient *Canibales* (a), parce que la plûpart étoient habitées par les *Caribes*; & aujourd'hui même il y en a trois dans lesquelles ce Peuple se maintient encore; mais il est si cruel & si inhumain, que Ferdinand & Isabelle (b) ont ordonné de le traiter en esclave, vû l'impossibilité, où on est de le réduire par voye d'accommodement. Outre ces trois Isles, qui sont peu éloignées de la Martinique; ils occupent encore une partie de l'Isle de la Trinité

Cruauté des Caribes.

(a) Journal de l'Amiral Colomb.
(b) Herrera Decad. 1. Lib. 6. Cap. 10.

de *Barlovento*, qu'ils ont infectée de leurs barbares coûtumes. Je regarde ces *Caribes* insulaires comme une trace qui nous montre le chemin qu'ont tenu la plûpart des *Caribes* de ces Isles pour venir s'établir sur les côtes de la Terre-Ferme & dans l'intérieur du Païs, & ce qui me le fait croire, c'est comme je l'ai dit ci-dessus, le petit nombre de familles & la multitude de langues qui ont cours parmi les autres Nations qui habitent ces côtes, & les environs des Riviéres qui s'y rendent ; au lieu que les *Caribes* occupent une vaste étenduë de Païs, possedent plusieurs Capitaineries & plusieurs Colonies, où l'on ne parle qu'une même langue, & où l'on remarque le même génie, & la même férocité. Tout cela, dis-je, prouve la multitude de *Caribes* insulaires qui ont passé sur ces côtes, à quoi l'on peut ajoûter le penchant qu'ils conservent pour la Navigation & qui est naturelle aux insulaires, car ces peuples sont si adroits dans cet art,

Voyages frequens des Caribes qui habitent les côtes aux Isles Antilles.

qu'avec des simples Pirogues, ils se mettent en pleine Mer, perdent la terre de vûë, & arrivent à la Martinique & dans les autres Isles Antilles, d'où ils reviennent dans la Terre-Ferme, sans craindre de faire naufrage, pratiquant aujourd'hui ce que Colomb rapporte dans son Journal, & c'est que lorsqu'une vague vient à renverser leur Pirogue, ils la remettent une seconde fois à flot, ils nagent dans le Golfe, se servant des pieds pour nager, & des mains pour faire la manœuvre.

Les Caribes navigent avec beaucoup de dexterité.

Ce voyage & cette façon de naviger est si ancienne chez eux, qu'il y a tout lieu de croire qu'elle leur a été transmise par ceux qui passerent les premiers des Isles dans la Terre-Ferme; & ce qui le prouve, c'est que ceux-ci, de même que les *Colorados*, (on appelle ainsi les *Caribes* qui habitent les trois Isles dont j'ai fait mention) sont également hautains, indomptables & avides de chair humaine, & qu'ils haïssent également les Espagnols, ce qui les oblige à leur faire tout le mal qu'ils peuvent. Ils maltraitent également les Missionnaires & tous les Indiens qui sont amis de notre Nation, enlevant leurs femmes & leurs enfans, & se nourrissant de chair humaine, coûtume qui étoit en usage dans les Antilles, (*a*) & qu'ils suivent encore aujourd'hui à l'égard des peuples de l'*Orénoque*, qui sont sans défense, & des Missionnaires qui exposent leur vie pour garantir celles de leurs Oüailles; d'où l'on voit que les *Caribes*, en passant dans la Terre-Ferme, y ont conservé la même inhumanité & la même férocité que dans leurs Isles Antilles.

Cruauté & insolence des Caribes.

Cette retraite, qui est appuyée sur des preuves si solides, & autorisée en grande partie par Herrera, (*a*) paroît encore plus certaine, lorsqu'on considére la facilité

(*a*) Herrera Decad. 10. Lib. 10. Cap. 16.

(*a*) Herrera Decad. Lib. 6. Cap. 10. & le Journal de Colomb, & plus clairement Dec. 1. Lib. 3. Cap. 17.

avec laquelle les Indiens, sur tout ceux de l'Amérique Méridionale, passent dans des Païs inconnus pour les plus légers motifs, & souvent même sans en avoir aucun.

On auroit cependant tort de regarder ces sortes de retraites comme une apostasie, puisque, comme je l'ai dit dans la premiére partie, les Indiens ne s'enfuient point faute de foi, mais par crainte, par légéreté & par un excès de paresse, qui les porte à fuïr le travail lors même qu'il tourne à leur avantage.

Conclusion de cette Dissertation.

Les choses étant telles qu'on vient de le dire, j'avoüe que la guerre, la peste & les impôts, peuvent contribuer à la diminution des habitans dans les Païs où on l'apperçoit, & qu'elles peuvent avoir contribué en partie à la dépeuplation des Antilles; mais je soûtiens de nouveau, que les deux principales causes de ce déchet ont été la stérilité volontaire des femmes de l'Amérique, & la retraite des familles dans d'autres Provinces, dont les unes sont connuës & possedées par les Espagnols, & les autres inconnuës & indépendantes. Les Indiens du *Chili* peuvent s'enfuïr par des chemins qui ne sont connus que d'eux seuls, & se retirer de l'autre côté de la Riviére de *Barbarana* & de *Biobio*, & s'enfoncer dans le Païs des Indiens *Araucanos*, des *Patagons* & des habitans des Terres Magellaniques; les mécontens de Buenos Ayres, du Paraguay & du Tucuman, peuvent se retirer dans le fameux *Chaco*, & dans plusieurs autres endroits qui sont à leur portée. Les Indiens du Perou, en traversant la partie des Andes, qui est vers le Nord, sont sûrs de n'être point découverts, quelque soin qu'on se donne de les chercher. Ceux de la Province de *Quito* & de *Santa Fé* & des autres Païs de la Terre-Ferme, ont dans leur voisinage une infinité de peuples Gentils chez lesquels ils sont assurés de trouver un azile. Ceux de la Nouvelle Espagne n'ont pas des retraites aussi commodes dans

Facilité que les Indiens trouvent à s'enfuir, & les retraites qu'ils trouver.

leur voisinage, mais les mécontens trouvent toûjours le moyen de se sauver. Je suis persuadé que c'est dans ces retraites que se tiennent cachés les Indiens qui manquent dans les Païs connus, & nous devons adresser à Dieu des ferventes prières pour leur salut.

Dieu veüille que ces Nations aveugles ouvrent un jour les yeux à la lumiére de l'Évangile & obtiennent le fruit de leur rédemption par l'entremise d'un grand nombre de Missionnaires zélés. Puissions nous, Seigneur, voir l'heure, où détournant les yeux de votre Juste colére des coûtumes perverses & des erreurs de ces Gentils, vous daigniez les fixer sur les prétieuses plaïes de votre Fils Unique, & sur l'amour infini qui lui a fait offrir son sang & sa vie en holocauste, pour que toutes les Nations & tous les peuples de la terre rendent à votre Divine Majesté les loüanges, l'honneur & la gloire qui lui sont duës.

F I N.

TABLE
DES CHAPITRES

Contenus dans le troisiéme Volume.

CHAP. XXXVII. *Du Poison mortel appellé* Curare. *Sa composition & son activité.* Pag. 1

CHAP. XXXVIII. *Autres Poisons funestes : leur activité. Précaution avec laquelle les Indiens s'en servent. Manière dont je les ai découverts.* 19

CHAP. XXXIX. *Serpens vénimeux qu'on trouve dans ces Païs.* 31

§. I. *Du Serpent monstrueux appellé* Buio. *ibid.*

§. II. *Refléxions sur le Chapitre précédent, & preuves de ce qu'on y avance.* 44

§. III. *De la vertu attractive du* Buio. 52

Tome III. P

TABLE

§. IV. *De l'action, ou de la vibration des éfleuves.* 53

§. V. *De la force attractive du souffle du Buio.* 58

§. VI. *On continuë d'examiner la vertu attractive du Buio.* 66

§. VII. *De quelques autres Couleuvres vénimeuses, & des rémédes qu'on a trouvés contre leur vénin.* 73

§ VIII. *Autres Couleuvres malfaisantes, & rémedes contre leur vénin.* 74

CHAP. XL. *Insectes & Reptiles vénimeux.* 94

CHAP. XLI. *De quelques autres Insectes extrêmement vénimeux.* 105

CHAP. XLII. *Poissons vénimeux & voraces.* 125

CHAP. XLIII. *Des Caymans ou Crocodilles. Vertu de leurs dents.* 140

CHAP. XLIV. *Manière dont les Indiens cultivent leurs terres. Fruits qu'ils en tirent.* 166

CHAP. XLV. *Continuation du Chapitre précédent.* 180

TABLE

CHAP. XLVI. *Arbres fruitiers que cultivent les Indiens ; herbes & racines médicinales que produisent leurs champs.* 199

CHAP. XLVII. *Métairies des Indiens. Différentes espéces d'animaux & d'oiseaux qu'ils prennent dans les champs. Dommage que leur causent les fourmis.* 220

CHAP. XLVIII. *Impression que font sur ces Peuples les Eclipses de Lune. Trouble dans lequel elles les jettent.* 242

CHAP. XLIX. *Usages des Indiens par rapport à leurs Mariages, à la Polygamie & au divorce.* 257

CHAP. L. *On examine si l'Amérique est plus ou moins peuplée aujourd'hui qu'elle ne l'étoit avant qu'on y eût introduit le Christianisme.* 273

CHAP. LI. *On réfute les causes alléguées, & l'on prouve qu'elles n'ont point occasionné la diminution des Indiens.* 287

CHAP. LII. *On repond à une Objection qu'on a faite à ce qu'on a avancé, & l'on indique la véritable*

TABLE

cause de la diminution des Amériquains. 310

Fin de la Table du troisième & dernier Volume.

www.ingramcontent.com/pod-product-compliance
Lightning Source LLC
Chambersburg PA
CBHW070607160426
43194CB00009B/1217